ROMANS

COLLECTION HETZEL.

LES COMÉDIENNES

OU

D'AUTREFOIS,

PAR

A. HOUSSAYE.

I

HISTOIRE

VOYAGES

ÉDITION AUTORISÉE POUR LA BELGIQUE ET L'ÉTRANGER,
INTERDITE POUR LA FRANCE.

BRUXELLES ET LEIPZIG,
KIESSLING, SCHNÉE ET Cie, ÉDITEURS,
1, RUE VILLA-HERMOSA.

1855

POÉSIES

LES COMÉDIENNES D'AUTREFOIS.

BRUXELLES,
ALPHONSE LEBÈGUE, IMPRIMEUR,
RUE DES JARDINS D'IDALIE, 1.

COLLECTION HETZEL.

LES

COMÉDIENNES

D'AUTREFOIS,

PAR

A. HOUSSAYE.

I

Édition autorisée pour la Belgique et l'Étranger, interdite pour la France.

BRUXELLES ET LEIPZIG,

KIESSLING, SCHNÉE ET COMP^ie, ÉDITEURS,

1, RUE VILLA-HERMOSA.

1855

MADEMOISELLE DE CHAMPMESLÉ.

Saluons le Pharamond de la dynastie des comédiennes, mademoiselle de Champmeslé, l'actrice de Racine, l'amie de La Fontaine, la maîtresse du marquis de Sévigné. — Elle a donné un corps aux plus nobles fictions des poëtes; elle a donné une âme aux grands seigneurs qui ont su l'aimer! Elle a été prodigue, jusqu'à prêter à son mari un peu de sa gloire! Elle mérite la première place dans le Parthénon du théâtre! Elle précède, elle dépasse en charmes ces hôtesses de la maison des

Muses : Lecouvreur, Gaussin, Dumesnil et Clairon !

Madame de Sévigné disait de mademoiselle de Champmeslé : « Je n'ai rien vu de pareil au théâtre ; c'est la comédienne que l'on va voir et non pas la comédie. Dans *Ariane*, on pleure des larmes de la Champmeslé et non des larmes d'Ariane. » Voilà qui est peint d'un seul trait de plume ; ce portrait indique une originalité saisissante. Ce n'était point là une femme qui s'était pliée à l'étude, c'était la nature elle-même rejetant tous les masques étrangers pour ne donner que sa figure. Et elle avait raison : elle était trop miraculeusement douée par la nature pour ne pas rejeter les chaînes d'or de l'art. Elle n'avait qu'à paraître pour prendre tous les cœurs, elle n'avait qu'à parler pour dompter tous les esprits, elle n'avait qu'à pleurer pour arracher toutes les larmes. Boileau lui-même, cette étude sans grâce, cet art sans charme, Boileau, pour qui la nature n'était qu'une marâtre, se laissait saisir au jeu de la Champmeslé et lui décernait cette couronne immortelle faite de ces quatre vers :

Jamais Iphigénie, en Aulide immolée,
Ne coûta tant de pleurs à la Grèce assemblée,
Que, dans l'heureux spectacle à nos yeux étalé,
N'en a fait sous son nom verser la Champmeslé.

Marie Desmares vint au monde, par un beau matin de 1641, dans une maison de magistrats normands. Naître à Rouen, sous l'astre de Corneille, le lendemain de *Cinna*, à la veille de *Polyeucte*, voilà déjà un heureux augure dans la destinée de cette future princesse tragique! Naître en pleine chicane, avec un président au parlement pour aïeul, voilà qui est mieux encore! L'éloquence va conduire la petite fille à la poésie!

A force d'entendre nommer Cicéron, elle voudra pénétrer dans les sanctuaires antiques, et son instinct l'attirera vers Euripide! On l'oblige à s'extasier quotidiennement sur les plaidoyers de Patru! Tant mieux! elle apprend l'art de la parole mesurée, le secret des longues périodes! Elle admirera tout de suite Racine : tout de suite elle saura réciter ses vers!

Mais nous n'en sommes pas là de notre histoire! Pour que Marie Desmares quitte le monde de la procédure, pour qu'elle ait le droit d'émigrer dans les champs Élysées des héros, il faut que le tonnerre tombe sur son toit, écrasant tout et ne laissant d'autre espoir à l'enfant que la vision de ses couronnes à venir! Le tonnerre que les hommes ont inventé et perfectionné, la misère! Le président mourant, après je ne sais quel désastre d'argent (un fripon ou Rollet étaient passés par là), le père de Marie se résigna très-simplement à la déchéance de sa fortune, et, ramassant ses derniers deniers, il ouvrit boutique! Allons, Marie! allons, petite! il faut oublier l'hôtel aux vastes salons, les portraits d'ancêtres qui souriaient sur le fond grisâtre des boiseries! Autour de vous, plus d'avocats à robe noire, plus de conseillers à robe rouge, qui s'inclinaient pour obtenir l'appui de votre gravité de six ans! Maintenant, il faut frayer avec les acheteurs insolents, avec les femmes de chambre dédaigneuses! Supporterez-vous la prison du comptoir, vous qui avez déjà pleuré sur le *Cid?*

Quand elle eut l'âge d'être belle, Marie Desmares signifia à sa famille qu'elle serait actrice, et, circonstance assez rare dans les fastes de la comédie, sa famille ne la contredit pas. D'ailleurs, ils étaient tombés, les pauvres gens, de magistrature en commerce! Marie ne dérogeait pas : elle se relevait. Elle débuta donc en sa ville même, soutenue, dans cette première épreuve, par toute sorte de bienveillance. La parenté et le voisinage se concertèrent pour faire à la débutante un assez médiocre succès. Le génie n'était pas encore venu animer cet aimable visage! Et puis, Marie n'était pas de celles qui pouvaient se hasarder dans les dédales de Mairet et de Hardy! Marbre harmonieux, elle attendait le rayon du soleil de Racine pour chanter éternellement comme cette lyre toujours éveillée d'Anacréon : Amour! amour! amour!

En attendant l'amour, Marie Desmares se maria. Elle avait rencontré dans les coulisses Charles Chevillet, sieur de Champmeslé, un gros garçon qui avait d'abord vendu des rubans sur le pont au Change et qui vendait des vers en province! Ils coquetèrent pendant les *Aventures de nuit*, une tragi-comédie de Chevallier; ils signèrent le contrat après l'*Heure du berger*, une pastorale de l'abbé Royer! Quels mariages! ces hyménées de coulisses, où les baisers s'échangent sous le fard qui, l'instant d'avant, a déjà été essuyé par d'autres lèvres, où la mère allaite les marmots dans un entr'acte, où le père berce le marmot quand la mère est rentrée en scène! Dans des unions pareilles, il faut que le caprice entre par le petit escalier, ou bien le talent, si talent il y a, sera étouffé des deux parts sous le ciel du lit nuptial! Porter, sans être jamais consolée par la folie amoureuse, le fardeau de deux ménages, compter le matin avec sa cuisinière et le soir avec son habilleuse! Répéter des rôles et surveiller l'armoire au linge! Sa *Solidité* madame de Maintenon ne suffirait pas à la tâche.

Heureusement pour l'avenir terrestre de mademoiselle de Champmeslé, elle vint à Paris, et Paris, qui aime la tragédie, ne permet pas la vertu aux tragédiennes. En 1669, Marie prit pied dans les coulisses du Marais. Elle connut là un certain Larroque, brave homme, excellent conseiller, piètre déclamateur au demeurant. Il fut un peu pour elle ce que fut plus tard le grammairien Dumarsais pour Adrienne Lecouvreur, un professeur et un ami! Peut-être y eut-il dans ces amitiés un certain échange de privautés, mais de ces privautés que madame de Sévigné ne défendait pas au cuistre Ménage! Larroque et Dumarsais n'enseignèrent, en somme, à leurs élèves que la grammaire du sentiment. Pour connaître le fin de cette science-là, il fallait à ces demoiselles quelques leçons de Maurice de Saxe ou de Jean Racine!

Jean Racine! il est temps de l'introduire dans ce récit. Il va changer, il va compléter l'existence de la Champmeslé! Il est le maître, il est le dieu de cette femme : plus tard, il sera son patient! Mais, quand il souffrira par elle, il la remerciera encore! En le désolant, en le trahissant, elle l'aura converti aux immortelles espérances! Elle lui aura tout d'un coup payé sa dette.

Racine trouva la Champmeslé sur son chemin, à l'hôtel de Bourgogne, en 1670. C'était alors le Racine que nous rêvons, jeune, beau, portant avec une modestie parfaite sa beauté majestueuse, quelque chose enfin comme le Raphaël de la scconde Renaissance! Il entrait dans la vie par la porte dorée! Il avait goûté à Port-Royal les délices de l'amour céleste, et il n'avait pas trop failli à ses candides habitudes d'Éliacin, à Uzès, par-devant les florissantes filles de Provence. A Paris, M. Chapelain et Molière l'avaient protégé, lui et ses œuvres. Il était pensionné pour une ode, applaudi pour sa *Thébaïde*, et l'altière mademoiselle Duparc avait oublié ses mines d'Arsinoé dans les bras de cet Apollon de vingt ans! Mais, pour Racine, mademoiselle Duparc fut seulement l'enchanteresse de quelques nuits : Marie de Champmeslé fut la fée des pleins midis de la jeunesse!

Ils s'adorèrent! Il notait pour elle l'euphonie de ces rôles merveilleusement purs ou incomparablement passionnés, Andromaque, Junie, Roxane, Bérénice, Iphigénie, Phèdre, et, si la déclamation faiblissait par instants, c'est que le poëte devenait, en simple prose, Pyrrhus pour cette Andromaque, Britannicus pour cette Junie! Elle pourtant, disciple attentive, répandait sur le maître des étincelles de ses petits yeux un peu trop ronds, et sa peau brune, rougie par le désir, provoquait la lèvre au baiser. Puis, quand il avait fini, elle psalmodiait à son tour ces litanies des tendres faiblesses, et il écoutait avec ravissement cette voix douce et pleine, telle qu'on l'eût imaginée d'une Hébé apportant des lois à la terre! Oh! qui nous initiera au mystère de ces entretiens? Ici se joue le drame éternellement repris du précepteur et de l'écolière. Paul et Francesca, Abailard et Héloïse, Julie et Saint-Preux, Chateaubriand et Charlotte, Parny et Éléonore, vous avez su le pouvoir mortel du livre qu'on tient à deux, du duo qu'on déchiffre ensemble! que sera-ce donc cette fois? C'est Paul qui a écrit les pages brûlantes de Lancelot! La musique que note ce Saint-Preux d'avant Rousseau, c'est l'orageuse symphonie de son cœur!

Cette éducation et ces amours eurent pour résultat décisif, peut-être, un fils contre-signé par M. de Champmeslé (mais là-dessus les témoignages ne s'accordent point!) et des succès dont la marque reste dans toutes les histoires familières du dix-septième siècle. Le jour où Marie débuta à l'hôtel de Bourgogne, mademoiselle Desœillets, la plus célèbre des virtuoses tragiques de l'endroit, s'écria tout en larmes : « Ah! il n'y a plus de Desœillets! » Il n'y a plus de Desœillets! Le triste aveu qui s'est répété d'âge en âge, sous mille formes, par l'aînée, obligée d'assister aux victoires de la cadette! Orderic de Bologne souffrit, vous savez, quelque torture devant les tableaux de Cimabué; Marlowe mourut au sortir d'une tragédie de Shakspeare. Il n'y a plus de Desœillets! l'agonie de l'orgueil humain, le *De profundis* de la gloire! — Mademoiselle Desœillets prophétisa juste! Une fois couronnée, la Champmeslé ne redouta même plus les prétendantes! Écoutez à ce sujet la chroniqueuse ordinaire de Paris et de Versailles, madame de Sévigné : « Elle m'a paru la plus miraculeusement bonne comédienne que j'aie jamais vue : elle surpasse la Desœillets de cent mille piques, et moi, qu'on croit assez bonne pour le théâtre, je ne suis pas digne d'allumer les chandelles, quand elle paraît. » Elle revient sur ces louanges à tout moment : « Ma belle-fille est laide de près; mais, quand elle dit des vers, elle est adorable! » La marquise ne s'arrête même pas là : il lui faut une victime à sacrifier sur cet autel qu'elle érige à la Champmeslé, et elle immole sans pitié Racine : « Voilà *Bajazet!* Si je pouvais vous envoyer la Champmeslé, vous trouveriez la pièce bonne; mais, sans elle, elle perd la moitié de son prix. — Racine fait des comédies pour la Champmeslé, ce n'est pas pour les siècles à venir : si jamais il n'est plus jeune, et qu'il cesse d'être amoureux, ce ne sera plus la même chose. »

En est-ce assez, et madame de Grignan a-t-elle dû, en son gouvernement de Provence, concevoir de sa belle-sœur une opinion suffisamment respectueuse!

Sa belle-sœur! sa belle-fille! voilà des degrés de parenté qui surprendront ceux qui n'ont pas soupiré en relisant sur la vitre de Chambord les deux vers qu'y grava la fantaisie railleuse du roi chevalier! « Bien fol est qui s'y fie, » peut-on redire à propos de toutes les filles d'Ève. Mais deux et trois fois fou qui se fie aux comédiennes, à ces sirènes du carnaval! Racine aimait; Racine octroyait à Marie de Champmeslé une rente viagère d'applaudissements et d'hommages; qu'importe? le jeune M. de Sévigné passe par là, et dès qu'il frappe à la porte de Marie, Marie ouvre, parce que M. de Sévigné n'est pas d'épée, parce qu'il rit haut, parce qu'il a été estimé par mademoiselle de Lenclos, peut-être aussi pour moins que cela, tout simplement parce qu'il n'écrit pas de tragédies! Coulez, larmes de Racine!

Racine pleura sans doute, mais il resta. Il assista aux révolutions d'alcôve qui remplaçaient M. de Sévigné par M. de Clermont-Tonnerre, M. de Clermont-Tonnerre par M. de Lafare. Il resta, jusqu'au moment où il n'eut plus de tragédies à faire, où, fatigué d'illusions, il oublia Bérénice et Phèdre, ses deux mensonges, pour sa femme Catherine Romanet, qui n'avait jamais lu ses vers, et pour cette religion hospitalière qui devait endormir ses tourments, et, par surcroît, lui inspirer deux chefs-d'œuvre !

Au surplus, que Racine persiste ou non dans ses idylles, mademoiselle de Champmeslé est satisfaite. Elle avait besoin d'un répertoire ! Le répertoire conquis, elle s'embarrasse peu du poëte tragique. J'ai déjà nommé les sigisbées à la suite. Mais est-ce à la suite qu'il faut dire ? Si épurées que nous tâchions de nous les figurer aujourd'hui, les mœurs d'alors autorisaient bien des partages, et s'accommodaient à bien des concessions ! C'est contre la Champmeslé que siffle cette épigramme de Boileau qu'on n'est pas accoutumé à trouver si gaillard :

De six amants, contents et non jaloux...

Jean-Baptiste Rousseau impute à Racine la grivoise conclusion de ce huitain d'un tour trop gaulois. Je n'ose pas être de son sentiment, par respect pour *Athalie*. Mais le fait reste, non pas trop enlaidi par la satire ! Champmeslé, en réalité, se tenait en liesse, grâce aux rouges-bords que lui versaient les amoureux de sa femme ! Quand M. de Tonnerre *déracinait* définitivement Marie, le légitime usufruitier ne s'inquiétait du départ de son ami intime que par rapport à la diversité du vin qu'on servait à sa table. Marie jouait dans sa chambre à coucher toutes les fureurs d'Hermione : Charles de Champmeslé descendait à la cave, et vidait un verre de plus dans la société de son compère La Fontaine !

A son entrée dans la maison, La Fontaine avait désiré plus que des tête-à-tête bachiques avec Charles de Champmeslé. Lui aussi, il avait guigné un fauteuil sous le péristyle académique du temple de Melpomène, il avait commencé pour Marie une *Briséis* qui ne s'acheva pas. A défaut de tragédie, la dame éloquente déclamait du moins, dans les salons les plus illustres, les libres et trop libres contes du bonhomme. Les duchesses, qui n'osaient pas placer le livre sur leur cheminée, donnaient congé à la pudeur quand cette Fiametta lascive leur chuchotait, comme une confidence, le *Décaméron* grivois du Boccace champenois ! Et cependant, l'oreille ouverte à son Odyssée libertine, La Fontaine dérobait comme un philtre caché dans cet accent insinuant de Marie, tour à tour émue avec Constance et narquoise avec Alaciel ! Mais il fut obligé de se résigner au plus simple privilége de l'ami ! Le bonhomme était mal en ordre ! la belle prisait plus les beaux rubans que les beaux vers, et, si jamais son sein battit d'un véritable émoi en parcourant les divins fabliaux, ce fut le jour où La Fontaine, épris encore mais déjà tranquillisé, attacha à son *Belphégor* cette dédicace, qui suffirait pour immortaliser vingt comédiennes :

De votre nom j'orne le frontispice
Des derniers vers que ma muse a polis.
Puisse le tout, ô charmante Philis !
Aller si loin, que notre los franchisse
La nuit des temps ! Nous la saurons dompter,
Moi par écrire, et vous par réciter.
Nos noms unis perceront l'ombre noire.
Vous régnerez longtemps dans la mémoire,
Après avoir régné jusques ici
Dans les esprits, dans les cœurs même aussi.
Qui ne connaît l'inimitable actrice
Représentant ou Phèdre ou Bérénice,
Chimène en pleurs, ou Camille en fureur ?
Est-il quelqu'un que votre voix n'enchante ?
S'en trouve-t-il une autre aussi touchante,
Une autre, enfin, allant si droit au cœur ?
De mes Philis vous seriez la première,
Vous auriez eu mon âme tout entière,
Si de mes vœux j'eusse plus présumé ;
Mais, en aimant, qui ne veut être aimé ?
Par des transports n'espérant pas vous plaire,
Je me suis dit seulement votre ami,
De ceux qui sont amants plus qu'à demi,
Et plût au sort que j'eusse pu mieux faire !

Ne pouvant mieux, La Fontaine dialoguait, avec Champmeslé pour collaborateur, ces divertissants imbroglios de la *Coupe enchantée*, *Je vous prends sans vert*, le *Florentin*. L'amour évaporé laissait tout son empire à l'habitude. Des amours de mademoiselle de Champmeslé il faisait le roman de sa vie. « Que font vos courtisans? écrit-il de Château-Thierry; charmez-vous toujours l'ennui, le malheur au jeu, toutes les autres disgrâces de M. de Lafare? » Ingrat qui ne se souvenait pas, en envoyant cette lettre, que cette galanterie de Lafare avec la Champmeslé avait condamné à l'éternelle mélancolie madame de la Sablière, son trésorier et sa nourrice! Il refusait d'en savoir si long! il avait seulement souci de constater un nouveau triomphe de celle qui lui semblait « la meilleure et la plus agréable des amies! » Il cherchait un nouveau prétexte pour chanter cet alléluia de son cœur : « Tout sera bientôt au roi de France et à mademoiselle de Champmeslé! »

Les années paraient, sans la charger, Marie Desmares; chaque printemps augmentait le cortége des clients de son génie et de sa beauté. N'avait-elle pas quarante ans, quand ce paresseux Lafare égrenait sous ses pas tout un collier de madrigaux dont je détache quelques perles :

Elle a, pour étaler ses charmes,
Choisi le Théâtre-François :
Là, ses yeux sont les seules armes
Qui soumettent tout à ses lois.
Là, tout mortel qui la contemple

Dans son cœur lui bâtit un temple
Et des autels mieux mérités
Que ceux qu'une piété feinte
Fit jadis élever par crainte
A tant d'autres divinités.

En 1693, la Champmeslé était descendue de la poésie de Racine à la poésie de Lagrange-Chancel. Elle tomba malade pendant les représentations d'*Oreste et Pylade*. Elle tâcha de mourir selon le rit épicurien de Lafare, refusant prêtre et sacrements. Mais la peur de l'enfer la prit au dernier quart d'heure ; elle songea peut-être à Racine, et le curé d'Auteuil eut mission de purifier le front de la pécheresse. Racine a parlé de cette mort dans une de ses lettres avec une froideur presque cruelle ! Pourquoi ne lui a-t-il pas donné cette extrême-onction des pleurs qui promet aux Madeleines la pitié de l'avenir !

Pour Champmeslé, il trépassa quatre ans après, ayant entendu le matin la messe, ayant le soir bu comme au meilleur temps, disant que l'ami de l'homme, ce n'est pas la femme, mais le vin, et fredonnant pour oraison dernière à ses confrères du tripot comique : « Adieu, paniers, vendanges sont faites ! » N'est-ce pas là le dernier refrain de toutes ces existences frivoles ? Adieu, gloires vite éclipsées du théâtre ! Adieu, beautés encensées un matin! Adieu, fard détrempé sur la joue! Adieu, colifichets jetés à la revendeuse! Adieu, vieilles affiches de la comédie! *Adieu, paniers, vendanges sont faites!*

Ce qui rappelle cette autre oraison funèbre d'un poëte contemporain :

L'heure a sonné : j'ai vu s'enfuir la charmeresse,
La moqueuse Circé qui chante les vingt ans,
Qui porte des rayons sur ses cheveux flottants,
Et qui m'a dit adieu pour dernière caresse.

J'ai suivi trop souvent la pâle chasseresse
Sous les pampres brûlés, dans les bois irritants.
Les folles passions ont dévoré mon temps,
Cher temps perdu! Regrets d'une âme pécheresse!

La coupe est épuisée et j'en ai vu le fond :
J'ai trop versé l'amour sur les bouches en fêtes;
Passions, passions, vos vendanges sont faites!

Voici la mort qui vient. Dans l'abîme profond
Je descends; mais je crois à la métamorphose :
Tu me réveilleras, Aurore aux doigts de rose!

MADEMOISELLE DE CAMARGO.

Mademoiselle Prévost, — Pont-de-Veyle, — M. de Marteille.

1710 — 1770.

I

En avril 1770, le bruit se répandit que mademoiselle Marie-Anne de Camargo venait de mourir en bonne catholique. Ce fut, dit un journal du temps, une grande surprise dans la république des lettres; car, depuis plus de vingt ans, on la croyait morte. Son dernier admirateur et son dernier ami, à qui elle avait légué ses chiens et ses chats, la fit enterrer avec une magnificence sans exemple à l'Opéra. « Tout le monde, dit Grimm, admirait cette tenture blanche, symbole de candeur dont les personnes non mariées sont en droit de se servir dans leur cérémonie funèbre. »

Mademoiselle de Camargo vint au monde presque en dansant. On raconte que Grétry, à peine âgé de quatre ans, était déjà sensible au rhythme musical. Mademoiselle de Camargo dansa beaucoup plus jeune ; elle était dans les bras de sa nourrice quand les airs mariés d'un violon et d'un hautbois vinrent frapper son oreille. Elle bondit vivement, et, durant tout le temps de la musique, elle dansa, il n'y a pas d'autre mot, en mesure avec beaucoup de gaieté. Il faut dire qu'elle était d'origine espagnole. Elle est née à Bruxelles, le 15 avril 1710, d'une famille noble qui a donné plusieurs cardinaux au sacré collége et qui marque avec éclat dans l'histoire d'Espagne, soit dans l'histoire ecclésiastique, soit dans l'histoire nationale. Elle s'appelait Marie-Anne ; sa mère avait dansé, mais avec les dames de la cour, pour son plaisir et non pour celui des autres. Son père, Ferdinand de Cupis de Camargo, était un franc gentilhomme espagnol, c'est-à-dire pauvre; il vivait à Bruxelles des miettes de la table du prince de Ligne, sans compter les dettes qu'il faisait. Sa famille, assez nombreuse, s'éleva par la grâce de Dieu; le père courait les cabarets, se reposant sur cette vérité, qu'il y a un Dieu pour les enfants.

Marianne était si jolie, que la princesse de Ligne l'appelait la fille des fées. Légère comme un oiseau, on la voyait bondir et s'envoler dans les charmilles : jamais biche, en matinale gaieté, n'eut des mouvements plus vifs et plus capricieux; jamais daim blessé par le chasseur ne bondit avec plus de force et de grâce. Quand elle eut dix ans, la princesse de Ligne jugea que cette jolie merveille revenait de droit à Paris, la ville des merveilles, où l'Opéra prodiguait alors mille et mille enchantements. Il fut décidé que mademoiselle de Camargo serait danseuse à l'Opéra; son père se récria beaucoup. « Danseuse ! la fille d'un gentilhomme, d'un grand d'Espagne ! — Déesse de la danse si vous voulez, » dit, pour l'apaiser, la princesse de Ligne. Il se résigna à faire le voyage de Paris dans un carrosse du prince; il arriva en grand seigneur chez mademoiselle Prévost, que les poëtes du temps chantaient sous le nom de Terpsichore. Elle consentit à donner des leçons à Marianne de Camargo. Trois mois après le départ, M. de Camargo rentrait à Bruxelles, avec l'air d'un conquérant : mademoiselle Prévost lui avait prédit que sa fille serait sa gloire et sa fortune.

Après avoir dansé à une fête du prince de Ligne, Marianne de Camargo débuta au théâtre de Bruxelles, où, durant plus de trois années, elle régna comme première danseuse. Son vrai théâtre n'était pas là; malgré son triomphe à Bruxelles, son imagination l'entraînait toujours à Paris : cependant elle quitta Bruxelles pour Rouen. Enfin, après un assez long séjour dans cette ville, il lui fut permis de débuter à l'Opéra. Ce fut le 5 mai 1726, car le jour fameux de son début n'a point été oublié, qu'elle apparut dans tout l'éclat de ses seize ans sur la première scène du monde. Mademoiselle Prévost, jalouse déjà, peut-être par pressentiment, lui avait conseillé de débuter dans les *Caractères de la Danse*, ce pas presque impossible, que les virtuoses renommées osaient à peine aborder dans leurs plus heureux jours. Mademoiselle de Camargo, qui dansait comme une fée, surpassa toutes ses devancières; son triomphe fut si éclatant, que dès le lendemain toutes les modes prirent son nom : coiffures à la Camargo, robes à la Camargo, souliers à la Camargo. Toutes les dames de la cour imitèrent ses grâces; il en est bien peu qui n'eussent voulu copier jusqu'à sa figure!

Je ne l'ai point dit encore : mademoiselle de Camargo était faite par l'amour et pour l'amour. Elle était belle et jolie tout à la fois. Rien de doux et de passionné comme ses yeux noirs, rien d'enchanteur comme son doux sourire. Lancret, Pater, Vanloo, tous les peintres alors célèbres ont voulu reproduire cette tête charmante.

Le second jour où mademoiselle de Camargo parut sur la scène, il y eut vingt duels et des luttes sans nombre aux portes de l'Opéra ; tout le monde voulait entrer. Mademoiselle Prévost, effrayée d'un pareil triomphe, intrigua si bien, que mademoiselle de Camargo fut bientôt contrainte au rôle de figurante. Elle eut beau s'indigner avec ses admirateurs, il fallut qu'elle se résignât à danser dans les espaliers. Mais elle ne tarda pas à se venger avec éclat : un jour qu'elle figurait dans une entrée de démons, Dumoulin, surnommé le Diable, ne parut pas pour danser son solo quand les musiciens attaquèrent son entrée. Une inspiration saisit mademoiselle de Camargo : elle quitte les figurantes, s'élance au milieu du théâtre et improvise le pas de Dumoulin, mais avec plus de verve et de caprice. Les applaudissements retentirent dans toute la salle. Mademoiselle Prévost jura de perdre sa jeune rivale ; mais c'en était fait : Terpsichore était détrônée. Mademoiselle de Camargo fut ce jour-là couronnée pour longtemps reine de l'Opéra. Reine absolue, dont le pouvoir était sans bornes, elle osa la première trouver ses jupes trop longues. Ici je laisse parler Grimm : « Cette invention utile, qui met les amateurs en état de juger avec connaissance de cause les jambes des danseuses, pensa alors occasionner un schisme très-dangereux. Les jansénistes du parterre criaient à l'hérésie et au scandale, et ne voulaient pas souffrir les jupes raccourcies; les molinistes, au contraire, soutenaient que cette innovation nous rapprochait de l'esprit de la primitive Église, qui répugnait à voir des gargouillades et des pirouettes embarrassées par la longueur des cotillons. La Sorbonne de l'Opéra fut longtemps en peine d'établir la saine doctrine sur ce point de discipline qui partageait les fidèles. »

M. Ferdinand de Camargo veillait avec une austère sollicitude sur la vertu et sur les appointements de sa fille : il ne sauvait que les appointements. Enivrée par son triomphe, mademoiselle de Camargo écoutait trop volontiers tous les seigneurs de la cour qui envahissaient alors la scène de l'Opéra; il aurait fallu que le roi nommât un historiographe pour raconter toutes les passions de la danseuse. Il fut un temps où tout le monde était amoureux d'elle. On ne jurait que par la Camargo, on ne chantait que la Camargo, on ne rêvait qu'à la Camargo. On n'a pas oublié les madrigaux de Voltaire et des poëtes galants de cette époque galante.

Cependant la gloire de mademoiselle de Camargo s'éteignit peu à peu; comme la mode qui l'avait protégée, elle passa pour ne plus revenir. Quand elle demanda sa retraite, quoiqu'elle n'eût pas quarante ans, nul ne songeait à la retenir; à peine fut-elle regrettée. On ne se demanda même pas où elle était retirée, on ne parla plus d'elle que de loin en loin; et encore n'en parlait-on que comme d'un souvenir. Elle était devenue un peu dévote et très-charitable, connaissant par leur nom tous les pauvres de son quartier. Elle ne voyait plus guère que trois ou quatre célébrités d'un autre temps, oubliées comme elle.

Dans les *Amusements du Cœur et de l'Esprit*, mademoiselle de Camargo est accusée d'avoir eu mille et un amants. Sans m'inscrire en faux contre cette accusation, ne puis-je la combattre en reproduisant dans toute sa simplicité cette histoire, qui dévoile une passion profonde? On a beau danser à l'Opéra, sourire à des adorateurs sans nombre, vivre follement au jour le jour dans toutes les bruyantes agitations du monde, il est des heures bénies où le cœur, souvent dévasté, refleurit tout d'un coup. L'amour est comme le ciel, dont on voit l'azur jusque dans le ruisseau formé par l'orage; çà et là l'amour se retrouve pur dans un cœur troublé. Mais, d'ailleurs, cette passion sérieuse de mademoiselle de Camargo lui est venue dans toute la fraîcheur de la jeunesse.

II

Un matin, Grimm, Pont-de-Veyle, Duclos, Helvétius, se présentèrent gaiement à l'humble logis de la célèbre danseuse. Elle demeurait alors dans une vieille maison de la rue Saint-Thomas-du-Louvre. Une servante centenaire vint ouvrir. « Nous désirons parler à mademoiselle de Camargo, » dit Helvétius, qui avait beaucoup de peine à tenir son sérieux. La gouvernante les fit tous entrer dans un salon d'un ameublement original et grotesque. Les boiseries étaient couvertes de pastels représentant mademoiselle de Camargo dans toutes ses grâces et dans tous ses rôles. Cependant elle n'ornait point à elle seule le salon : on y voyait un Christ au mont des Oliviers, une Madeleine au Tombeau, une Vierge au voile, une Vénus à Cythère, les trois Grâces, des Amours à demi cachés sous les chapelets et les buis bénits, des Madones couvertes de trophées d'opéra.

La déesse du lieu ne se fit pas longtemps attendre : une porte s'ouvrit, une demi-douzaine de chiens de toute espèce se précipitèrent dans le salon; il faut dire à la louange de mademoiselle de Camargo que ce n'étaient pas des petits chiens. Elle apparut à leur suite portant dans ses bras, en guise de manchon, un chat angora de la plus belle venue. Comme elle ne suivait plus la mode depuis dix ans, elle avait l'air de revenir de l'autre monde. « Vous le voyez, messieurs, dit-elle en montrant ses chiens, voilà toute ma cour aujourd'hui; mais, en vérité, ces courtisans-là en valent bien d'autres. — Tout beau! Marquis. — A bas! Duc. — Couchez là! Chevalier. Ne trouvez-vous pas mauvais, messieurs, que je vous reçoive en cette compagnie? Mais puis-je savoir...? » Grimm prit la parole. « Vous nous pardonnerez, mademoiselle, cette visite inattendue quand vous saurez la raison sérieuse qui nous amène. — Me voilà curieuse comme si j'avais vingt ans. Mais, hélas! quand j'avais vingt ans, c'était mon cœur qui était curieux. Aujourd'hui que l'hiver est venu pour moi, je n'ai plus rien à apprendre de ce côté-là. — Le cœur ne vieillit pas, dit Helvétius en s'inclinant. — C'est une hérésie, monsieur; il n'y a que ceux qui n'ont point aimé qui osent avancer de pareilles maximes. C'est l'amour qui ne vieillit pas, il meurt enfant. Mais le cœur! — Vous voyez bien, madame, reprit Helvétius, que votre cœur est toujours jeune; ce que vous venez de dire nous prouve assez que vous êtes encore toute pleine de feu et d'inspiration. — Oui, oui, murmura mademoiselle de Camargo en soupirant, vous avez peut-être raison; mais, quand on a des cheveux blancs et des rides profondes, le cœur est un trésor perdu; c'est une monnaie qui n'a plus cours. » Tout en disant ces mots, elle souleva Marquis par ses deux pattes et le baisa sur la tête. Marquis était un beau chien couchant, porteur d'une belle robe tigrée. « Au moins ceux-là m'aimeront jusqu'à la fin. Mais, à ce qu'il me semble, nous commençons par déraisonner; est-ce là tout ce que nous avons à dire? Voyons, messieurs, je vous écoute. »

Les visiteurs se regardèrent avec un peu d'embarras; ils semblèrent tous se demander qui d'entre eux prendrait la parole en cette grave circonstance. Pont-de-Veyle se recueillit et débuta par ces mots : « Mademoiselle, tout à l'heure nous déjeunions; nous déjeunions gaiement, comme font les gens d'esprit; au lieu de faire passer devant nous, comme autrefois les Égyptiens, des momies, pour nous montrer que la chose du monde la plus précieuse est le temps, nous évoquions toutes les folles images qui ont enchanté notre jeunesse; ai-je besoin de vous dire que vous ne fûtes pas la moins charmante de ces apparitions? Qui ne vous a aimée! qui n'eût voulu vivre une heure avec vous, au prix d'un coup d'épée? Le bonheur ne se paye jamais trop cher. » Mademoiselle de Camargo interrompit l'orateur. « Ah! de grâce, messieurs, ne m'aveuglez pas par le souvenir de mon temps, ne réveillez pas des passions ensevelies; laissez-moi mourir en paix. Voyez, j'ai des larmes dans les yeux. » Les visiteurs, touchés, regardèrent tous avec une certaine émotion cette pauvre vieille qui avait tant aimé. « C'est étrange, dit Helvétius à son voisin, nous sommes venus ici pour rire, mais nous n'en prenons pas le chemin; et pourtant, rien ne serait plaisant comme cette caricature, s'il n'y avait pas une femme là-dessous. — Continuez, monsieur, dit mademoiselle de Camargo à Pont-de-Veyle. — Il faut bien vous le dire, mademoiselle, l'un de nous, la plus mauvaise tête de la compagnie, ou plutôt celui qui avait bu davantage, déclara que de tous vos amants, il était celui que vous aviez le plus aimé. « Propos d'homme qui a trop bu, » lui dit l'un de nous. Mais notre fat vida son verre et soutint son paradoxe. La discussion fut très-animée. On parlait, on buvait, on parlait encore. Quand on eut vidé la dernière bouteille, ne sachant plus ce qu'on disait, sans doute, comme la dispute menaçait de finir par un duel, les plus raisonnables de la compagnie proposèrent de venir vous demander à vous-même lequel de vos amants vous aviez le plus aimé. Est-ce le comte de Melun? Est-ce le duc de Richelieu? Est-ce le marquis de Croismare, le baron de Viomesnil, le vicomte de Jumilhac? Est-ce M. de Beaumont ou M. d'Aubigny? Est-ce un poëte? Est-ce un soldat? Est-ce un abbé? — Chut! chut! dit en souriant mademoiselle de Camargo, ou plutôt prenez le calendrier de la cour. — Ce qui nous importe de savoir n'est pas le nom de ceux qui vous ont aimée; mais, je vous le dis encore, le nom de celui que vous avez le plus aimé... — Vous êtes des fous, dit mademoiselle de Camargo d'un air triste et d'une voix émue; je ne veux pas vous répondre. Laissons en paix dans leur tombeau nos passions éteintes. Pourquoi exhumer toutes ces charmantes folies qui ont eu leur jour de fête? — Voyons, dit Grimm à Duclos, ne nous laissons pas attendrir, cela deviendrait un peu trop ridicule. Mademoiselle de Camargo, dit-il en caressant deux chiens à la fois, quelle est donc l'époque des jupes raccourcies? car c'est encore là un des points de notre dispute philosophique. »

La vieille danseuse ne répondit pas. Tout à coup prenant la main de Pont-de-Veyle : « Monsieur, lui dit-elle en se levant, suivez-moi. » Il obéit avec quelque surprise. Elle le conduisit dans sa chambre à coucher; c'était une vraie chiffonnière qui ressemblait fort à la boutique d'une marchande à la toilette : tout y était en désordre ; on voyait bien que les chiens y tenaient beaucoup de place. Mademoiselle de Camargo s'arrêta devant une petite commode en bois de rose, couverte de porcelaines de Saxe plus ou moins ébréchées. Elle ouvrit un petit coffre d'ébène tout en le présentant sous les yeux de Pont-de-Veyle. « Voyez-vous ? » dit-elle avec un soupir. Pont-de-Veyle vit une lettre en lambeaux et un bouquet desséché depuis plus d'un demi-siècle ; à peine si on pouvait y reconnaître l'espèce des fleurs qui le composaient. « Eh bien ? demanda Pont-de-Veyle. — Eh bien, vous ne comprenez pas ? — Pas du tout. — Voyez ce portrait. » Elle indiqua du doigt un mauvais portrait à l'huile, couvert de poussière et de toiles d'araignée. « Je commence à comprendre. — Oui, dit-elle, c'est son portrait. Pour moi, je ne le regarde jamais. Il est là bien plus ressemblant, poursuivit-elle en se frappant le cœur. Un portrait ! c'est bon pour ceux qui ne prennent pas le temps de se souvenir. »

Pont-de-Veyle regardait tour à tour, avec beaucoup d'intérêt, la lettre, le bouquet fané et le mauvais portrait. « Avez-vous jamais rencontré cette figure-là ? — Jamais. — Mais retournons de l'autre côté. — Non, de grâce, je vous écoute. — N'est-ce pas assez de vous avoir montré le portrait? Vous pouvez maintenant d'un seul mot terminer la dispute, puisque vous avez vu si celui que j'ai le plus aimé ressemble à votre ami... qui avait bu. — Il ne lui ressemble pas le moins du monde. — Eh bien, tout est dit. Je vous pardonne votre visite. Adieu; quand vous déjeunerez avec vos amis, vous prendrez un peu ma défense; vous leur direz, à tous ces libertins sans pitié, que je me suis sauvée par le cœur, si on peut se sauver par là... Oui, oui, c'est la planche de salut dans le naufrage. »

Disant ces mots, mademoiselle de Camargo s'avança vers la porte du salon. Pont-de-Veyle la suivit, emportant le coffre d'ébène. « Messieurs, dit-il à ses joyeux amis, notre buveur n'était qu'un fat; j'ai vu le portrait du plus aimé de la déesse de céans; maintenant vous allez joindre vos prières aux miennes pour décider mademoiselle de Camargo à nous raconter le roman de son cœur; je n'en connais que la préface, qui est triste et charmante : j'ai vu une lettre, un bouquet et un portrait. — Je ne dirai pas un mot, murmura-t-elle ; les femmes sont accusées de ne pouvoir garder un secret; il en est pourtant plus d'un qu'elles ne confient jamais. Un secret amoureux, c'est une rose qui vous embaume le cœur; si on le confie, la rose perd son parfum. Moi qui vous parle, poursuivit mademoiselle de

Camargo en s'animant, je n'ai gardé cet amour dans toute sa fraîcheur que parce que je n'en ai jamais rien dit. Il n'y a guère que la Carton et ce vieux malin de Fontenelle qui aient surpris mon secret. Fontenelle dînait souvent chez moi ; un jour, me voyant pleurer, il fut si étonné de mes larmes, lui qui ne pleurait jamais, par philosophie sans doute, qu'il me tourmenta durant plus d'une heure pour avoir le mot de l'énigme. C'était presque une femme, il m'arracha par ses chatteries l'histoire de cette passion. Le croiriez-vous? j'espérais le toucher au cœur, mais c'était parler à un sourd. Après m'avoir écoutée sans mot dire jusqu'à la fin, il murmura de sa petite voix éteinte : *C'est joli.* Au moins la Carton pleurait avec moi ! C'est bien la peine d'être un poëte et un philosophe, pour ne rien comprendre à ces histoires-là ! »

Mademoiselle de Camargo se tut ; un profond silence suivit ses paroles, tous les regards s'arrêtaient sur elle. « Parlez, parlez, nous écoutons, dit Helvétius, nous sommes plus dignes de vous entendre que le vieux philosophe qui n'aima que lui-même. — Après tout, reprit-elle, emportée par le charme de ses souvenirs, c'est une bonne heure à passer ; — je parle pour moi, — et les heures bonnes ou mauvaises, il n'en sonnera plus beaucoup dans ma vie ; car je sens bien que je m'en vais. Mais je ne sais plus mon commencement; il me passe du feu sous les yeux, je n'y vois plus, tant je suis éblouie. Voyons, j'avais vingt ans... Mais je n'oserai jamais lire à livre ouvert devant tant de monde. — Figurez-vous, mademoiselle de Camargo, dit Helvétius, que vous lisez un roman. — Eh bien, dit-elle, je commence sans plus de façons :

« J'avais vingt ans. Vous savez tous, car cette aventure a été un grand scandale, vous savez comment le comte de Melun m'enleva un matin avec ma sœur Sophie. Cette petite folle, qui avait beaucoup d'imagination, m'ayant surprise lisant une lettre du comte où il parlait de son dessein, elle jura sur ses treize ans qu'il faudrait bien qu'on l'enlevât aussi. J'étais loin de croire à une pareille prétention. On se figure toujours que les enfants ne comprennent rien; mais à l'Opéra et en amour il n'y a pas d'enfants. Le comte de Melun avait, à force d'argent, gagné notre femme de chambre. J'étais bien coupable; je savais tout, et je n'avais pas averti mon père; mais mon père m'ennuyait un peu; il prêchait dans le désert, c'est-à-dire qu'il me prêchait la vertu. Il me parlait sans cesse de notre gentilhommerie, de notre cousin qui était cardinal, de notre oncle qui était grand inquisiteur. Vanité des vanités! tout n était que vanité chez lui quand, chez moi, tout n'était qu'amour. Je me souciais bien d'être d'une famille illustre; j'étais belle, on m'adorait, et, ce qui vaut mieux peut-être, j'étais jeune!

» Au milieu de la nuit, voilà que j'entends ma porte qui s'ouvre : c'était le comte de Melun; je ne dormais pas, je l'attendais. N'est pas enlevée qui veut. J'allais être enlevée!

» L'amour n'est pas seulement charmant par lui-même, il l'est encore par ses extravagances romanesques. Une passion sans aventures, c'est une maîtresse sans caprices. J'étais assise sur mon lit. « Est-ce toi, Jacqueline? dis-je en jouant l'effroi. — C'est moi, dit le comte en tombant à genoux. — Vous! monsieur! Votre lettre n'était donc pas un jeu? — Mes chevaux sont à deux pas; il n'y a pas de temps à perdre : quittez cette triste prison; mon hôtel, ma fortune, mon cœur, tout cela est à vous! » A cet instant, une lumière brilla à la porte! « Mon père! m'écriai-je avec terreur, en me cachant dans mes rideaux. — Tout est perdu! » murmura le comte. C'était Sophie. Je la reconnus bientôt à son pied léger; elle s'avança, la lumière à la main et en silence, devant le comte. « Ma sœur, me dit-elle avec un peu de trouble, mais sans trop se déconcerter, me voilà toute prête. » Je ne comprenais pas, je la regardais avec surprise, elle était habillée des pieds à la tête. « Que veux-tu dire? tu es folle!

— Pas du tout, ma sœur, je veux être enlevée comme vous. » Le comte de Melun ne put s'empêcher de rire. « Mademoiselle, lui dit-il, vous oubliez vos poupées et vos polichinelles. — Monsieur, répondit-elle avec dignité, j'ai treize ans, ce n'est pas d'hier que j'ai débuté à l'Opéra, je joue mon rôle dans l'*Enlèvement de Psyché*. — A merveille, dit le comte, nous allons vous enlever. Aussi bien, me dit-il à l'oreille, il n'y a que ce moyen de nous délivrer d'elle. »

» J'étais fort ennuyée de ce contre-temps qui compliquait trop l'aventure. Mon père pouvait pardonner mon enlèvement, mais celui de Sophie! J'essayai de la détourner de cette folle tentative : je lui offris mes parures; elle ne voulut pas entendre raison : elle déclara que, si on ne l'enlevait pas avec moi, elle allait avertir mon père et, par là, empêcher l'aventure. « Ne la contrariez pas, dit le comte : avec ces dispositions-là, un peu plus tôt, un peu plus tard, elle sera enlevée. — Eh bien, partons tous ensemble. » La femme de chambre, qui s'était avancée à pas de loup, nous dit de nous dépêcher, parce qu'elle craignait que le bruit des chevaux, qui piaffaient dans le voisinage, ne réveillât M. de Camargo. Nous partîmes; le carrosse nous conduisit à l'hôtel du comte, rue de la Culture-Saint-Gervais

Sophie riait et chantait. Le lendemain, j'écrivis à l'Opéra que, par ordonnance du médecin, je ne pouvais danser avant trois semaines. Vous le dirai-je, messieurs? huit jours après, j'allai moi-même avertir mon directeur que je danserais le soir. Ceci, vous le voyez, ne fait pas l'éloge du comte de Melun; mais il est si peu d'hommes, en ce monde, qui soient amusants huit jours de suite! J'aimais le comte, sans doute, mais j'avais besoin de respirer un peu sans lui. Mes yeux cherchaient l'éclat du théâtre; j'ouvrais sans cesse les fenêtres, comme si je devais m'envoler par là.

» Dès que je reparus à l'Opéra, mon père me suivit à la piste et découvrit la retraite de ses filles. Un soir, dans les coulisses, il alla droit au comte et le provoqua. Le comte lui dit avec beaucoup de déférence qu'il n'avait garde de s'exposer à tuer le galant homme qui avait donné le jour à une fille comme moi. Mon pauvre père eut beau établir et prouver seize quartiers, le comte ne se voulut point battre. C'est de ce temps-là que date la fameuse requête que mon père adressa au cardinal de Fleury. Je n'ai point oublié la teneur de cette requête :

«Le suppliant expose à monseigneur le cardinal que le comte de Melun ayant enlevé ses deux filles la nuit du 10 au 11 de ce mois de mai 1728, il les tient emprisonnées en son hôtel, rue de la Culture-Saint-Gervais. Le suppliant, ayant pour partie une personne de rang, est obligé de recourir aux législateurs; il espère de la bonté du roi qu'il lui fera rendre justice et qu'il ordonnera à monseigneur le comte de Melun d'épouser la fille aînée du suppliant et de doter la cadette. »

» Un père ne pouvait mieux parler. Le cardinal de Fleury s'amusa beaucoup de la requête, et me conseilla pour toute pénitence, un jour que nous soupions ensemble, d'abandonner à mon père mes appointements de l'Opéra. Mais je m'aperçois que je n'avance guère dans mon récit : que voulez-vous? le commencement est le chapitre où l'on revient toujours avec le plus de plaisir. Il y avait un an que j'habitais l'hôtel du comte de Melun : Sophie était retournée chez mon père pour n'y pas rester longtemps; mais ce n'est pas son histoire que je raconte. Un matin, un cousin du comte arriva à l'hôtel avec beaucoup de fracas : c'était M. de Marteille, qui était lieutenant aux armées du roi. Il venait de la guerre; il s'était distingué à la campagne de Flandre par des actions d'éclat : il devait passer une saison à Paris dans toutes les folies de son âge. Il nous surprit à déjeuner; il se mit à table sans façon, sur la prière du comte.

» Au premier abord il ne me séduisit pas; je lui trouvai l'air un peu fanfaron. Il parlait de ses prouesses guerrières. Une visite nous ayant interrompus, le comte passa dans son cabinet et nous laissa en tête-à-tête. La voix de M. de Marteille, jusque-là haute et fière, s'adoucit un peu; il m'avait regardée en soldat, il me regarda en écolier : « Pardonnez-moi, madame, me dit-il d'une voix troublée, mes allures cavalières; je n'entends rien aux belles manières, je n'ai point passé à l'école de la galanterie. Ne vous offensez pas de tout ce que je puis dire. — Mais, monsieur, lui dis-je en souriant, vous ne me dites rien. — Ah ! si je savais parler ! mais, en vérité, je serais plus à mon aise en face de toute une armée que devant vos beaux yeux. Le comte est bien heureux d'avoir à combattre une si belle ennemie. » Disant ces mots, il me regarda avec une tendresse suppliante qui contrastait singulièrement avec ses airs de héros. Je ne sais ce que mes yeux lui répondirent. Le comte rentra alors, et la conversation prit un autre tour.

» M. de Marteille accepta, sur les instances de son cousin, un appartement à l'hôtel. Il sortit : je ne le revis que le soir à souper. Il ne savait pas qui j'étais; le comte m'appelait Marianne, et, par hasard peut-être, il ne dit pas un mot à son cousin de l'Opéra ni de mes grâces à danser. Au souper, M. de Marteille n'avait plus sa franche gaieté du matin; une légère inquiétude passait sur son front; plus d'une fois je rencontrai son regard attristé. « Égayez donc votre cousin, dis-je au comte. — Je sais bien ce qu'il lui faut, me répondit M. de Melun; je veux demain le conduire à l'Opéra. Vous verrez que dans ce pays perdu il retrouvera sa belle humeur. » Je me sentis jalouse sans chercher à me dire pourquoi.

» Le lendemain, on représentait le *Triomphe de Bacchus*. J'apparus sur la scène en Ariane, toute couverte de pampre et de fleurs. Je n'ai jamais si mal dansé : j'avais reconnu M. de Marteille parmi les gentilshommes de la maison du roi. Il me regardait avec une sombre attitude. J'espérais lui parler avant la fin du ballet, mais déjà il était parti. Je fus offensée de ce brusque départ. « Quoi! me disais-je, il me voit danser, et voilà de quelle façon il me fait ses compliments! » Le lendemain matin, il déjeuna avec nous : il ne me disait pas un mot de la veille; à la fin, ne pouvant réprimer mon impatience : « Eh bien, monsieur de Marteille, lui dis-je d'une voix aigre-douce, vous êtes parti hier de bien bonne heure; ce n'était guère galant. — Ah! si vous ne dansiez pas! » dit-il avec un soupir. C'était la première fois qu'on me parlait ainsi. Craignant d'en avoir trop dit, et pour donner le change à M. de Melun, qui le regardait d'un air étonné, il se mit à parler d'une petite chanteuse sans figure, dont la voix avait beaucoup de fraîcheur.

» Dans l'après-midi, le comte, retenu je ne sais pourquoi, pria son cousin de me conduire au bois, en carrosse : il devait nous rejoindre à cheval. L'idée de cette promenade me fit battre le cœur avec violence : c'était la première fois que j'écoutais battre mon cœur avec plaisir.

» Nous montâmes en carrosse par un beau soleil d'été; tout me semblait en fête : le ciel, les maisons, les arbres, les chevaux et les passants. Un voile était tombé de mes yeux. Durant quelques minutes nous gardâmes le plus profond silence : ne sachant quelle figure faire, je m'amusai à faire briller un diamant sous un rayon de soleil qui pénétrait dans le carrosse. M. de Marteille me saisit la main. Nous gardions toujours le silence; je voulus dégager ma main, il la pressa davantage; je rougis, il devint pâle. Un cahot vint à propos nous tirer d'embarras; le cahot m'avait soulevée; lui me fit tomber sur son cœur. « Monsieur! lui dis-je en tressaillant. — Ah! madame, si vous saviez comme je vous aime! » Il me dit ces mots avec une tendresse inexprimable : c'était l'amour lui-même qui parfait. Je n'eus pas la force de me fâcher : il reprit ma main et la couvrit de baisers; il ne me dit plus rien. Je voulais parler, mais je ne savais que dire moi-même. De temps en temps nos regards se rencontraient: c'est alors que nous étions éloquents. Que de serments éternels! que de promesses de bonheur!

» Cependant nous arrivâmes au bois; tout à coup, comme saisi d'une idée soudaine, il mit la tête à la portière, et dit quelques mots au cocher. Je compris par la réponse de La Violette qu'il ne voulait pas obéir; mais M. de Marteille ayant parlé de coups de bâton et de cinquante pistoles, le cocher ne répliqua pas. Je ne comprenais guère où il en voulait venir. Après une demi-heure de course rapide, comme je regardais avec une certaine inquiétude de quel côté de la promenade nous étions, il chercha à me distraire en me parlant de quelques épisodes de sa vie. Quoique je n'écoutasse pas avec beaucoup de recueillement, je compris que jusque-là j'étais la seule femme qu'il eût aimée. Ils disent tous cela; mais lui disait la vérité, car lui parlait avec ses yeux et avec son cœur. Je m'aperçus bientôt que nous n'étions plus dans notre chemin; mais voyez jusqu'où va la faiblesse d'une femme amoureuse : je n'eus point le courage de lui demander pourquoi nous avions changé de route. Nous traversâmes la Seine en bateau entre Sèvres et Saint-Cloud; nous regagnâmes les bois, et, après une heure de traversée, nous arrivâmes à la grille d'un petit parc au bout du village de Velaisy.

» M. de Marteille avait compté sans son hôte. Il croyait ne trouver âme qui vive dans le petit château de son frère; mais, depuis la veille, son frère était de retour d'un voyage sur les côtes de France. Voyant que le château était habité, M. de Marteille me pria de l'attendre un peu dans le carrosse. Dès qu'il se fut éloigné, le cocher vint à la portière : « Eh bien, madame, me dit-il, nous respirons enfin; m'est avis que nous ferions bien de nous éclipser : comptez sur La Violette, avant deux heures nous serons à l'hôtel. — La Violette, lui dis-je, ouvrez la portière. » Je courais un grand danger! La Violette obéit. « Maintenant, lui dis-je quand je fus sur le gazon, vous pouvez partir. » Il me regarda avec les yeux d'un vieux philosophe, remonta sur son siége et fit claquer son fouet; mais, à peine en route, il jugea à propos de rebrousser chemin. « Je ne retourne pas sans madame, car, si je retourne seul, je suis bien sûr d'être battu et chassé. — Ma foi! La Violette, comme il te plaira. » A cet instant, je vis revenir le comte. « Tout va pour le mieux, me cria-t-il de loin; mon frère n'a que deux jours à passer à Paris;

il s'est arrêté ici pour donner des ordres; il veut à toute force voir la Camargo danser ses loures et ses musettes; je lui ai dit qu'elle dansait aujourd'hui : il va partir à l'instant. Vous allez attendre dans le parc le moment de son départ. Je retourne près de lui, car il faut que je l'embrasse et lui souhaite un bon voyage.»

» Une heure après, nous étions installés au château, comme il y a cent ans Ninon et Villarceaux. La Violette demeura à nos ordres avec son carrosse et ses chevaux. Le soir, grande rumeur à l'Opéra. On annonça solennellement au public que mademoiselle de Camargo avait été enlevée. Le comte de Melun, surpris de ne pas nous rencontrer au bois, était allé au théâtre. On le persifla, il jura de se venger. Il chercha partout, il ne retrouva ni ses chevaux, ni son carrosse, ni sa maîtresse. Durant trois mois l'Opéra fut en deuil : on mit vingt huissiers sur mes traces; mais nous faisions si peu de bruit dans ce petit château, perdu là-bas dans les bois, que nous n'y fûmes pas découverts. »

Mademoiselle de Camargo était devenue pâle; elle se tut et regarda ses auditeurs comme pour leur dire, par ses regards rallumés à cette flamme céleste qui avait passé sur sa vie : « Ah! comme nous nous sommes aimés pendant ces trois mois! »

Elle reprit ainsi : « Cette saison a tenu plus de place dans ma vie que tout le reste du temps. Quand je songe au passé, c'est tout de suite là que je vais. Comment vous raconter tous les détails de notre bonheur? Quand la destinée nous protége, le bonheur se compose de mille riens charmants que des cœurs étrangers ne peuvent comprendre. Durant ces trois mois, j'étais heureuse de tout, je voulais vivre à jamais dans cette retraite charmante pour celui que j'aimais mille fois plus que moi-même. Je voulais renoncer à l'Opéra, l'Opéra, que M. le comte de Melun n'avait pu me faire oublier pendant huit jours!

» M. de Marteille avait tous les attraits de la vraie passion ; il m'aimait avec une naïveté charmante; il mettait en jeu, sans y penser, toutes les séductions de l'amour. Que de paroles tendres! que de regards passionnés! que de propos enchanteurs! Chaque jour était une fête, chaque heure un ravissement. Je n'avais pas le temps de songer au lendemain.

» Nos journées se passaient en promenades, au fond des bois, dans les mille détours du parc. Le soir, je jouais du clavecin et je chantais. Plusieurs fois il m'arriva de danser, mais de danser pour lui. Au milieu d'un pas qui eût fait fureur à l'Opéra, je tombais tout éperdue à ses pieds; il me relevait, m'appuyait sur son cœur et me pardonnait d'avoir dansé. J'entends toujours sa belle voix, qui était de la musique, mais de la musique comme j'en rêve et comme n'en fait pas Rameau... Mais voilà que je ne sais plus ce que je dis. »

Mademoiselle de Camargo se tourna vers Pont-de-Veyle. « Monsieur, lui dit-elle, ouvrez ce coffre, ou plutôt passez-le-moi. » Elle prit le coffre, l'ouvrit et y prit le bouquet. « Mais, avant tout, messieurs, il faut que je vous explique pourquoi j'ai gardé ce bouquet. » Disant ces mots, elle chercha à respirer l'odeur évanouie du bouquet.

« Un matin, reprit-elle, M. de Marteille m'éveilla de bonne heure. « Adieu! me dit-il, pâle et tremblant. — Que dites-vous? m'écriai-je avec effroi. — Hélas! reprit-il en m'embrassant, je n'ai pas voulu vous avertir plus tôt, mais, depuis quinze jours, j'ai reçu l'ordre du départ. On va reprendre les hostilités dans les Pays-Bas, je n'ai plus une heure pour moi ni pour vous : il faut que je fasse près de quarante lieues aujourd'hui. — Ah! mon Dieu! que deviendrai-je? dis-je en pleurant. Je veux vous suivre. — Mais, ma chère Marianne, je reviendrai. — Vous reviendrez dans un siècle! Allez, cruel, je serai morte quand vous reviendrez. »

» Une heure se passa dans les adieux et dans les larmes; il fallait partir : il partit.

» Je retournai à Paris. Deux jours après son départ, il m'écrivit une lettre bien tendre, où il me disait que, le lendemain, il aurait la consolation de se battre. Que vous dirai-je encore ? il m'écrivit une seconde fois. »

Mademoiselle de Camargo déploya lentement la lettre en lambeaux. Cette seconde lettre, la voici :

« Ce 17 octobre.

« Non, je ne reviendrai pas, ma chère maîtresse, je vais mourir, mais sans peur et sans reproches. Ah ! si vous étiez là, Marianne ! Quelle folie ! dans un hôpital, où, tous tant que nous sommes, nous nous voyons défigurés et mourants ! Quelle idée aussi de m'élancer en avant quand je ne songeais qu'à te revoir ! Aussitôt blessé, j'ai demandé au médecin si j'aurais le temps d'aller jusqu'à Paris : « Vous n'a- » vez qu'une heure ! » m'a-t-il dit sans pitié... On m'a transporté ici avec les autres. Enfin, il faut savoir prendre tout ce qui vient d'en haut. Je meurs content de t'avoir aimée ; console-toi. Je ne suis pas jaloux de ceux qui viendront, car t'aimeront-ils comme moi ? Adieu, Marianne, la mort passe et n'attend pas ; je la remercie de m'avoir laissé le temps de te dire adieu. A présent, c'est moi qui vais t'attendre.

« Adieu, adieu ! je te sens encore sur mon cœur qui cesse de battre. »

» J'étais dans ma loge à l'Opéra quand je reçus cette seconde lettre : on m'habillait. Je tombai évanouie en disant que je ne danserais plus jamais. C'était un jour de belle représentation. Le bruit se répandit que j'étais à moitié morte et que mademoiselle Aurore allait danser mon pas. O fragilité du cœur des femmes ! le rideau se leva, et que vit-on ? mademoiselle de Camargo elle-même avec son même sourire et ses mêmes pirouettes ! Mais si un des spectateurs avait mis la main sur son cœur !... »

III

Après avoir essuyé ses yeux, mademoiselle de Camargo continua ainsi : « Vous dirai-je toute ma douleur, toutes mes larmes, toutes mes angoisses ? Je n'ai point oublié M. de Marteille dans le tourbillon de mes folies. Les autres m'ont aimée, je n'ai aimé que M. de Marteille ; son souvenir a passé sur mes années comme une bénédiction du ciel. On m'a vue aller à la messe ; on s'est amusé de ma dévotion. Ils n'ont pas compris, les philosophes, que j'allais prier Dieu à cause de ce mot de M. de Marteille : « A présent, c'est moi qui vais t'attendre. »

Mademoiselle de Camargo acheva ainsi son histoire. « Eh bien, mon cher philosophe, dit Helvétius à Duclos en descendant l'escalier, vous venez de lire un livre assez curieux. — Un mauvais livre, répondit Duclos; mais ceux-là seuls sont les bons. »

MADEMOISELLE DE LIVRY.

I

LA PRÉFACE.

Il y a cent et un ans.

M. de Voltaire surprit un matin la marquise de Boufflers tout éplorée sous les vieux ormes de son château, où il était venu avec le marquis et la marquise du Châtelet.

— Voilà des larmes de Madeleine, dit-il à madame de Boufflers avec son impertinence accoutumée.

— Je ne vous répondrai pas, dit la marquise sans s'indigner, — car on donnait à Voltaire le droit de tout dire; — je ne vous répondrai pas, parce que vous n'avez jamais aimé.

Voltaire se récria et fit une pirouette.

— Je n'ai jamais aimé! Ah! madame la marquise, ceci est une injure; quiconque a vingt ans sous le soleil a senti battre son cœur sur un cœur qui battait; il n'y a que le diable dont sainte Thérèse ait pu dire : *Le malheureux, il n'a jamais aimé!*

— Je sais cela, dit madame de Boufflers en essuyant ses beaux yeux avec une rose fraîchement cueillie; voulez-vous, monsieur de Voltaire, que je vous confie un secret?

Voltaire s'approcha de la marquise en souriant.

— Ce secret, poursuivit-elle, c'est que vous êtes le diable!

— Je sais bien, dit Voltaire sans s'émouvoir du secret, que tous les hommes comme moi ont le démon, comme on dit; le démon, c'est l'esprit, c'est le génie, c'est la folie, si vous voulez; mais croyez bien, madame, que plus on a le démon, plus on a le dieu. Le dieu, qui peut le nier? c'est l'amour. Pour moi, j'ai aimé quatre fois avec passion. Ne savez-vous donc pas mes aventures? Ne me suis-je pas déguisé en sœur grise, en abbé, en mousquetaire, pour tromper les sentinelles?

— Oui, vous avez aimé Pimpette, madame de Rupelmonde, mademoiselle de Livry et la marquise du Châtelet.

— Vous oubliez la maréchale de Villars, dit Voltaire en portant la main à son cœur.

— Oui, vous avez aimé; mais ce sont là des amours de paravent, sans tempêtes et sans larmes, comme Pont-de-Vesle et madame du Deffant.

Voltaire bondit comme un daim.

— Sans tempêtes! sans larmes! dit-il avec une soudaine colère; sans tempêtes! mais vous ne savez donc pas que nous ne passons jamais huit jours sans nous battre, madame du Châtelet et moi? Ah! je ne suis pas passionné! mais il y a trois jours, si ce bon M. du Châtelet n'était venu en personne mettre le holà, nous nous serions arraché les yeux.

— Je crois à vos frénésies, dit la marquise d'un air moqueur. Mais pourquoi vous battez-vous? Ce n'est pas, comme cela arrive à tant de vrais amoureux, par jalousie et par désespoir; c'est sans doute parce que vous ne pouviez pas parvenir à vous entendre sur un point de métaphysique.

Voltaire éclata de rire.

— C'est vrai, dit-il en reprenant sa figure malicieusement égayée. Je n'y avais pas songé.

Mais, reprit-il tout à coup, si vous n'avez foi en mes tempêtes amoureuses, vous croirez du moins à mes larmes. Je n'en ai point versé sur les beaux cheveux bruns de Pimpette; mais comme j'ai pleuré mademoiselle de Livry! Ah! marquise, si vous saviez comme j'aimais celle-là! C'était le second amour, le plus terrible, le plus charmant.

II

COMMENT ON DEVIENT COMÉDIENNE.

J'avais vingt-quatre ans... j'étais déjà célèbre, j'avais oublié Pimpette avec les comédiennes du théâtre et les comédiennes du monde. Je ne croyais ni à Dieu ni au diable, je soupais à fond tous les jours de ma vie sans m'inquiéter si le soleil se lèverait le lendemain. J'étais plongé comme un pourceau dans le bourbier philosophique de mon parrain, l'abbé de Châteauneuf. Ninon de Lenclos, en me léguant sa bibliothèque, ne m'avait légué que de mauvais livres : c'étaient mes articles de foi.

Un jour que je n'avais rien à faire, une jeune fille se présente devant moi. Elle était si belle, que je me levai devant elle comme un point d'admiration. Par exemple, elle était vêtue pour l'amour de Dieu : une robe de belle étoffe à ramages, mais fanée depuis longtemps. La pauvre fille ne savait que me dire; moi, je ne savais que lui répondre. Je la priai de s'asseoir; elle voulut rester debout.

— Monsieur de Voltaire, je venais à vous...

Elle était pâle et défaillante; je la pris dans mes bras et l'appuyai sur mon cœur. Elle s'éloigna de moi sans se courroucer.

— Monsieur de Voltaire, je me destine au théâtre, c'est ma dernière ressource, car je n'ai plus ni père ni mère; mais avant de débuter il faut que je prenne des leçons. Vous connaissez mademoiselle Lecouvreur...

J'interrompis la jeune fille.

— Mademoiselle Lecouvreur, comme toutes les grandes comédiennes, n'a pris de leçons que de son cœur. Pourtant, si vous voulez, je vous conduirai chez elle. Mais que vous apprendra-t-elle? Elle vous apprendra à dire comme elle avec sa passion, et non avec la vôtre. Avez-vous aimé?

La jeune fille rougit et sembla interdite. Je pris mon plus doux sourire et me rapprochai d'elle.

— Croyez-moi, mademoiselle, c'est à moi à vous donner des leçons. La préface du théâtre, c'est l'amour.

Je lui saisis la main et la portai à mes lèvres avec une tendresse un peu brusque.

— Vous allez voir, lui dis-je en prenant un air déclamatoire.

Je m'éloignai de quelques pas, et je revins vers elle en lui disant d'un air passionné des vers de tragédie.

Elle prit plaisir au jeu; d'ailleurs, la pauvre fille n'avait pas le temps de faire la rebelle; elle n'avait pas soupé la veille, et elle portait toute sa fortune sur son dos.

Elle avait vendu peu à peu jusqu'à ses hardes, croyant toujours qu'il y a un dieu pour les orphelins. Elle s'était présentée à la Comédie-Française pour demander à débuter, ne sachant pas qu'il fallait pour cela la croix et la bannière. Un méchant comédien qui me savait l'oracle du lieu eut l'idée d'envoyer vers moi cette pauvre fille. Que vous dirai-je, madame la marquise? elle eut beau s'en défendre, il fallut bien qu'elle prît avec moi une première leçon de déclamation; leçon éloquente, car c'était mon cœur qui la donnait.

— Comment vous nommez-vous? lui demandai-je après lui avoir montré comment on parle d'amour.

— Mademoiselle Aurore de Livry.

— Un beau nom qui sera redit de bouche en bouche, comme celui de mademoiselle Lecouvreur.

— Où demeurez-vous? (Moi, je demeurais rue Cloche-Perche.)

— Rue Saint-André-des-Arts, où ma mère est morte, et où je dois plus de quatre-vingts écus. Aussi Dieu sait toutes les insultes qu'il me faut subir faute d'argent.

— Je ne vous en donnerai pas, lui dis-je, par une bonne raison : c'est que, si je vous en donne, vous aurez pour moi de la reconnaissance, et vous n'aurez pas d'amour; mais ma maison est à vous, restez-y : je vous conduirai à la comédie; après la comédie, nous irons souper follement en belle compagnie; après souper, nous nous aimerons jusqu'au matin. Le jour venu, j'écrirai sur vos genoux quelques vers de tragédie, quelques rimes galantes, jusqu'à l'heure où les oisifs viendront nous prendre pour déjeuner et pour courir Paris, non pas en carrosse, mais sur nos chevaux de vingt ans.

Madame de Boufflers interrompit Voltaire.

— Tout bien considéré, vous êtes un homme de beaucoup d'esprit et vous lisez à livre ouvert dans le cœur des femmes. Tout autre à votre place fût allé à son secrétaire et il eût compté quatre-vingts écus pour les offrir à mademoiselle de Livry. Comme vous l'avez dit : il n'eût recueilli là que de la reconnaissance, une fleur morte sans parfum. Je suis bien sûre, au contraire, que mademoiselle de Livry vous considéra tout de suite comme un amant et non comme un bienfaiteur.

Voltaire s'appuya doucement sur le bras de la marquise.

— Comme vous dites, madame, reprit-il, ce ne fut pas sans prières, sans combat et sans larmes. Ah! qu'elle était belle dans sa défense, avec ses cheveux épars, ses yeux si doux, ses joues tour à tour blanches et rouges. Elle m'a avoué depuis que c'était sa vertu seule qui luttait contre moi comme par instinct de la résistance, car elle m'aimait avant de me voir. Et, comme César, je n'avais eu qu'à me montrer pour être vainqueur. Passez-moi cette jactance d'empereur romain, vous savez que je n'en abuse pas.

Vous connaissez ma vie, je ne vous raconterai pas mot à mot toutes les phases de ce charmant amour. L'abbé de Bussy, Thiriot, le marquis de Mimeur, Génouville, le prince de Vendôme, auraient pu vous dire combien j'étais heureux dans ma chère folie. J'avais jeté avec dédain le manteau des philosophes, je ne voyais plus la sagesse humaine que sous la figure de mademoiselle de

Livry. Quels gais soupers ! Cet air de mélancolie qu'elle avait à notre première entrevue, elle ne l'avait plus que çà et là, quand je lui laissais le temps de réfléchir ; sa passion avait d'ailleurs tous les caractères : tour à tour sereine comme un beau ciel ou emportée comme une cavale enivrée par la course, tour à tour folle et bruyante, pensive et attendrie. La rue Cloche-Perche était pour moi le paradis. Dans ce temps-là, je croyais au paradis : je ne crois plus qu'au paradis perdu.

Ce bonheur-là dura bien six semaines ; je n'ai pas compté ; je vivais comme dans un rêve : quand le réveil est venu, je n'ai pas voulu me souvenir, ou plutôt la maréchale de Villars m'a pris toutes mes idées. Bienheureux encore d'avoir retrouvé une folie, quand j'ai perdu celle-là.

III

POURQUOI ON PERD SA MAITRESSE.

Si vous pouviez voir mon portrait, peint alors par Largillière, vous verriez le portrait d'un homme heureux ou plutôt d'un amant, car les joies de l'amour ne donnent pas cet air de sérénité et de béatitude qu'on voit aux élus du bonheur. Je me rappelle toujours comment Largillière a peint ce portrait; il venait le matin, toujours trop matin, car il nous trouvait couchés. Elle sautait dans la ruelle, et lui disait de sa voix fraîche : « Monsieur Largillière, jetez-moi mes mules roses. » Il lui passait ses pantoufles pendant que je courais à ma robe de chambre et à mes peignes. Je posais et je n'y avais pas d'ennui, car à tout instant elle venait se pencher au-dessus de mon fauteuil. Et puis la séance était interrompue par un déjeuner frugal et spirituel, des fruits et du café. Largillière m'aurait bien donné son talent pour ma maîtresse. Il voulait la peindre aussi, pour que son portrait fût accroché en face du mien. Mais l'amour ne donne jamais le temps à un peintre de peindre les deux amants. Le portrait de l'un n'est pas fini, que déjà l'autre n'est plus là.

Mademoiselle de Livry emporta mon portrait à peine achevé dans sa chambre de la rue Saint-André-des-Arts, car j'avais fini par payer ce qui était dû.

Vous connaissez le dénoûment : Génouville, mon cher Génouville, était touché de cet amour inattendu qui promettait de ne finir qu'avec nous;

ce petit coquin de Génouville, il venait assidûment déjeuner avec nous. Il nous disait qu'on n'avait jamais si bien marié l'esprit et la beauté. Il n'y a sorte d'épithalame qu'il n'ait chanté en notre honneur, jusqu'au jour où il me laissa la liberté de lui chanter un épithalame à lui-même, car il m'enleva ma maîtresse *.

Les cruels ! ils m'ont dit : *Nous partons en avant pour aller à la comédie.* Et ils ne sont pas revenus. Mon meilleur ami ! ma plus chère passion ! J'étais furieux, et je voulais tirer l'épée hors du fourreau ; mais la perfide m'écrivit pour me demander ses pantoufles, — tout son bien ! — Je me mis à rire, mais je croyais rire encore, que j'avais les yeux baignés de larmes, car dans sa lettre elle me disait des choses si tendres, si folles, si cruelles et si charmantes ! par exemple, je me rappelle ceci : « *Ah! mon cher amoureux ! je vous adorerai jusqu'à la mort, car un autre, c'est vous encore !* Figurez-vous que je suis morte, et faites mon épitaphe : *Ci-gît qui a bien aimé son amant!* — Si M. de Génouville m'a enlevée, c'est que nous avions pensé tous les deux que, si je restais plus longtemps avec vous,

* Ô toi, dont la délicatesse,
Par un sentiment fort humain,
Aimas mieux ravir ma maîtresse
Que de la tenir de ma main !

vous ne feriez plus jamais rien. Je vous laisse aux neuf Muses. Adieu ! »

Ah ! marquise, s'écria Voltaire en pressant la main de madame de Boufflers, ce n'étaient pas les neuf Muses qu'il me fallait, c'était la dixième. J'ai couru après la fugitive, décidé à tout ; ne pouvant la retrouver, je me suis enfermé chez moi avec mon désespoir. Croyez-vous à mes larmes amoureuses, maintenant * ?

* Voltaire ne prit pas longtemps sa passion au sérieux ; il écrivait en même temps, dans son Épître au duc de Sully :

Quant à mon ami Génonville,
Il a toujours le même style
Et toujours la même gaîté.
Je sais que, par déloyauté,
Le fripon naguère a tâté
De la maîtresse tant jolie
Dont j'étais si fort entêté.
Il rit de cette perfidie,
Et j'aurais pu m'en courroucer :
Mais je sais qu'il faut se passer
Des bagatelles dans la vie.

Et ce vers célèbre qui, alors, frappait juste si souvent :

Nous nous aimions tous trois ; que nous étions heureux !

IV

HISTOIRE DE MADEMOISELLE AURORE DE LIVRY.

— Et que devint mademoiselle de Livry? demanda la marquise de Boufflers.

— Elle devint marquise, tout comme vous.

— Fille d'Ève comme moi. Achevez donc l'histoire!

— Génouville ne la captiva pas bien longtemps; elle avait la passion de la comédie; elle aimait les enlèvements : un mauvais comédien, bâtard de Baron, l'enleva à Génouville et la conduisit en Angleterre, dans une troupe recueillie un peu partout. Cette troupe de hasard débarqua dans un cabaret ayant pour enseigne l'*Écu de France*. Après six semaines d'attente, les comédiens et les comédiennes parent enfin montrer leur talent et leur figure sur un méchant théâtre de la Cité. Mademoiselle de Livry, qui jouait les rôles de la Lecouvreur, fut seule applaudie; mais elle ne put sauver la troupe du naufrage : elle demeura au cabaret pour répondre de la dette de ses compagnons. Comme elle était belle et charmante, l'hôtelier ne voulut point se venger sur elle de tous les mauvais tours que lui avaient joués ces comédiens sans feu ni lieu, sans foi ni loi. Loin de lui faire des reproches, il lui dit qu'elle pouvait demeurer dans son cabaret sans s'inquiéter de sa nourriture ni de son logement, ajoutant qu'il serait trop heureux d'avoir une si belle fille pour enseigne.

Les belles filles sont comme les hirondelles : elles portent bonheur à la maison.

J'ai dit un cabaret, j'aurais pu dire un café. La maison était partagée en deux salles bien distinctes : d'un côté, la bière, la pipe et les gens de rien ; de l'autre côté, le café, la tabatière et les gens de bonne compagnie, tous Français pour la plupart.

Mademoiselle de Livry, bien entendu, ne se montrait ni d'un côté ni de l'autre. Elle vivait avec beaucoup de réserve dans une chambre en haut, attendant que la fortune la tirât de là. Çà et là cependant elle traversait le café avec la légèreté d'une fée, au retour de la promenade ou de la messe, car elle avait toutes les faiblesses, même celle du confessionnal.

L'hôtelier, quand elle passait ainsi avec tant de grâce adorable, ne manquait pas de dire à ses habitués qu'il avait sous son toit la perle des belles filles.

Parmi ses habitués, se trouvait d'aventure le marquis de Gouvernet, qui jusque-là avait dépensé ses revenus pour les fleurs rares. Vous avez ouï parler, marquise, de sa fureur pour les tulipes. Celle qu'il appelait *Madame de Parabère* avait coûté mille pistoles. Ce maître fou serait allé au Pérou pour y cueillir une rose bleue.

Dès qu'il vit mademoiselle de Livry, il sembla oublier sa passion pour les fleurs. Cependant, la première fois qu'il essaya de lui parler, ce fut avec un bouquet qui lui avait bien coûté cinquante écus. Mademoiselle de Livry regarda le marquis, prit le bouquet, et s'enfuit sans trop savoir pourquoi.

Elle avait pris le bouquet malgré elle, comme si le diable eût conduit sa main. Le marquis demanda à monter chez elle, elle lui refusa sa porte tout net; il insista, elle résista; il n'était pas homme à abandonner le siége, lui qui avait montré tant de vaillance et tant d'acharnement contre les plus belles tulipes de Harlem.

— Je veux aller chez elle, dit un matin le marquis de Gouvernet à l'hôtelier.

— Cela ne se peut pas, dit cet homme, qui connaissait la fierté et la vertu de mademoiselle de Livry. (Il y a de la vertu partout.)

— Il faut bien que cela se puisse, dit le marquis. Où est donc la difficulté d'entrer dans une chambre? Qu'on m'apporte chez elle mon chocolat et mes gazettes.

L'hôtelier n'osa point répliquer. Le marquis monta l'escalier de l'air d'un homme qui ne s'arrêtera pas en chemin ; l'hôtelier le suivit avec une tasse de chocolat, la *Gazette de Hollande* et le *Mercure de France*. La clef était sur la porte; le marquis ouvrit et entra gaiement, comme si c'était la chose du monde la plus simple.

— Eh! mon Dieu! s'écria mademoiselle de Livry, qui entre ainsi chez moi avec tant de fracas?

— C'est un homme, dit le marquis. Il n'y a pas de quoi vous recommander à Dieu.

Et, s'adressant à l'hôtelier :

— Eh bien, mettez donc tout cela sur la table, car j'ai faim. Madame, asseyez-vous, vous voyez que je m'assieds moi-même.

— Monsieur, dit mademoiselle de Livry, vous devriez être debout et vous en aller, car je ne reçois pas la visite d'un inconnu.

— Mais je suis très-connu : on m'appelle le marquis de Gouvernet, j'ai couru le monde, je ne suis pas méchant, je n'ai jamais coupé la tête qu'à des roses ou à des tulipes, et encore en ai-je souffert chaque fois que cela m'est arrivé. Aimez-vous les tulipes, mademoiselle? Mais il s'agit bien de tulipes quand le chocolat est servi ! Prenez-vous du chocolat avec moi ou sans moi? Comme vous voudrez.

— Cet homme m'assassine, dit mademoiselle de Livry en regardant l'hôtelier.

V

COMMENT ON DEVIENT MARQUISE.

La cloche du château sonna le déjeuner.

— Continuez, dit madame de Boufflers à Voltaire, je n'ai pas faim, et vous aimez trop à conter pour avoir faim vous-même.

Et Voltaire continua :

— Oui, ce diable d'homme entra ainsi chez cette pauvre comédienne abandonnée. Elle finit par prendre son parti et par s'asseoir elle-même.

— Voulez-vous me lire les gazettes? poursuivit le marquis, ou plutôt voulez-vous travailler en tapisserie avec vos mains de fée?

— Mademoiselle, dit tout bas à la comédienne l'hôtelier d'un air respectueux, c'est un original, mais ne vous offensez pas, car c'est un excellent homme. Il a donné cent guinées à ma fille le jour de son mariage.

Cependant le marquis de Gouvernet avait ouvert son journal et avait bu quelques gorgées de chocolat, sans plus de façon que s'il se fût trouvé chez lui. Mademoiselle de Livry se remit à sa tapisserie.

— Parlons rondement, dit le marquis; vous êtes pauvre.

— Puisque je n'ai besoin de rien, dit mademoiselle de Livry, c'est que je ne suis pas pauvre.

— Ce sont là des phrases, je sais bien qu'on ne mange pas l'argent, comme l'a prouvé le roi Midas; mais, toutefois, sans argent on peut mourir de faim.

— Ce n'est jamais par là que je mourrai.

— Ne soyez pas si fière, mademoiselle; je sais votre vertu, je vois votre beauté, j'ai le droit de vous parler franc. Eh bien, ce brave hôtelier a beau faire, vous manquez de tout, et, par dignité, il vous arrive souvent de vous dérober un repas.

— C'est par ordre du médecin, dit mademoiselle de Livry en rougissant.

— Que le diable vous emporte! dit le marquis de Gouvernet en essuyant deux larmes. Ne voyez-vous pas que je pleure comme un enfant?

Écoutez, j'ai de quoi nourrir cinquante belles filles comme vous; voulez-vous que je vous donne ma clef? vous ferez la charité vous-même.

Mademoiselle de Livry repoussa hautement cette proposition. Toutefois, elle ne voulait pas tenir le siége jusqu'à la famine. Elle signa un traité d'alliance.

— Je vous épouse, lui dit-il à la troisième entrevue.

— C'est une folie, dit-elle avec attendrissement.

— Tant mieux, reprit le marquis, c'est que je suis encore dans l'âge de faire des folies.

— Oui, mais je vous empêcherai bien de faire celle-là; un homme de votre condition ne peut pas épouser une fille sans dot.

Il eut beau plaider sa cause, mademoiselle de Livry ne voulut pas aller plus loin dans cette alliance. Après une course dans Londres, il dit :

— J'ai pris tout à l'heure deux billets de loterie sur l'État, vous allez en choisir un.

— Je veux bien, dit-elle, ne fût-ce que pour faire des papillotes.

IV

LES *vous* ET LES *tu*.

Madame de Boufflers interrompit Voltaire :

— Je comprends, lui dit-elle, le billet de loterie gagna dix ou vingt mille livres sterling. Voilà un beau sujet de comédie.

— C'est vrai, dit Voltaire, j'y ai songé *. Vous devinez donc, madame, ce qui se passa ensuite?

— Oui; mademoiselle de Livry eut une dot, et, touchée de la délicatesse de son amant, elle devint marquise de Gouvernet.

M. de Voltaire poursuivit :

— Le bruit de cette aventure se répandit à Paris et à Versailles, dans les salons et dans les coulisses; les princesses de la cour et celles du théâtre ne tarissaient pas sur ce roman. Moi, j'écoutais en silence, toujours triste quand je songeais qu'en perdant mademoiselle de Livry j'avais perdu ma jeunesse elle-même.

* *L'Écossaise*.--Lindam (mademoiselle de Livry), Freeport (le marquis de Gouvernet).

Je me consolais un peu dans l'espérance de la revoir.

Elle n'a pu m'oublier, me disais-je ; dès que ses beaux yeux s'arrêteront sur moi, elle me tendra la main, et je me jetterai dans ses bras.

Elle s'installa avec beaucoup de tapage rue Saint-Dominique, où M. de Gouvernet avait un hôtel fastueux, mais surtout un jardin des *Mille et une Nuits*. Aussi la marquise fut-elle surnommée la sultane des Fleurs dès son retour à Paris.

La *Henriade* venait d'être imprimée ; je lui en envoyai un exemplaire sur papier de Hollande, avec un bout de billet où je lui rappelais que tous les vers amoureux répandus autour de Gabrielle, je les avais écrits sous son inspiration et sur ses genoux.

Pas un mot de réponse. La cruelle prenait au sérieux son titre d'épouse.

Je ne saurais vous peindre ma fureur. Je fus un peu désarmé en apprenant par madame la présidente de Bernières, qui allait chez elle, que la marquise de Gouvernet avait dégagé mon portrait, car elle l'avait mis en gage chez Gersaint, au pont Notre-Dame, à son départ pour Londres.

Je repris courage dans notre ancienne passion et j'allai bravement à son hôtel.

— Votre nom ? me demanda un suisse arrogant, un grand diable de suisse taillé en Hercule et tout frappé en or.

— Monsieur de Voltaire.

— Eh bien, que monsieur s'inscrive, et demain je lui donnerai une réponse, car le nom de *monsieur Voltaire* n'est pas sur la liste de madame la marquise.

Vous savez qu'en ce temps-là j'étais reçu à bras ouverts dans les meilleures maisons; j'étais le commensal des ducs et des princes; aussi l'arrogance du suisse de madame la marquise de Gouvernet ne m'humilia pas et me fit mourir de rire. Rentré chez moi, comme j'étais encore en belle humeur, je pris un chiffon de papier et j'écrivis au courant de la plume cette épître à la marquise :

Philis, qu'est devenu ce temps
Où, dans un fiacre promenée,
Sans laquais, sans ajustements,
De tes grâces seules ornée,
Contente d'un mauvais soupé,
Que tu changeais en ambroisie,
Tu te livrais, dans ta folie,
A l'amant heureux et trompé
Qui t'avait consacré sa vie?

Voltaire avait à peine dit les premiers vers de cette adorable épître, que la marquise de Boufflers, qui la savait par cœur, comme tout le monde lettré la savait alors, l'interrompit pour la dire elle-même :

Non, madame, tous ces tapis
Qu'a tissus la Savonnerie,
Ceux que les Persans ont ourdis,
Et toute votre orfèvrerie,
Et ces plats si chers que Germain
A gravés de sa main divine,
Et ces cabinets où Martin
A surpassé l'art de la Chine,
Vos vases japonais et blancs,
Toutes ces fragiles merveilles,
Ces deux lustres de diamants
Qui pendent à vos deux oreilles ;
Ces riches carcans, ces colliers
Et cette pompe enchanteresse
Ne valent pas un des baisers
Que tu donnais dans ta jeunesse.
Le ciel ne te donnait alors,
Pour tout rang et pour tous trésors,
Que les agréments de ton âge,
Un cœur tendre, un esprit volage,
Un sein d'albâtre et de beaux yeux.
Avec tant d'attraits précieux,
Hélas ! qui n'eût été friponne ?
Tu le fus, qu'Amour me pardonne,
Tu sais que je t'en aimais mieux.
Ah ! madame ! que votre vie,
D'honneurs aujourd'hui si remplie,
Diffère de ces doux instants !
Ce large suisse à cheveux blancs,
Qui ment sans cesse à votre porte,
Philis, est l'image du Temps :
On dirait qu'il chasse l'escorte
Des amours, des jeux et des ris ;
Sous vos magnifiques lambris,

Ces enfants tremblent de paraître.
Hélas ! je les ai vus jadis
Entrer chez toi par la fenêtre,
Et se jouer dans ton taudis.

— Voilà, monsieur de Voltaire, un chef-d'œuvre digne de l'antique ! Si vous m'aviez écrit cette épître et que j'eusse été la marquise de Gouvernet, j'aurais, sans tambour ni trompette, abandonné mon hôtel et mon suisse pour courir avec vous, fût-ce au bout du monde. Mais que vous répondit-elle ?

— Elle me répondit par quatre vers que la sagesse des anciens aurait dû écrire en lettres d'or au fronton de ses temples ou sur le piédestal de ses statues :

Laissons à la belle jeunesse
Ses folâtres emportements ;
Nous ne vivons que deux moments :
Qu'il en soit un pour la sagesse !

— C'est charmant ! Et vous êtes devenus sages tous les deux ?

— Plus ou moins, marquise. Elle a écrit l'épitaphe de son cœur, et, moi, j'ai consolé le mien en chantant :

Fertur et abducta Lyrnesside tristis Achilles,
Hæmonia curas attenuasse lyra.

J'ai fait comme Achille.

VII

LA DERNIÈRE HEURE D'AMOUR.

M. de Voltaire ne revit plus qu'une fois mademoiselle de Livry; c'était peu de jours avant sa mort : il se fit poudrer, il prit trois ou quatre tasses de café, il monta en carrosse et donna l'ordre au cocher du marquis de Villette de le conduire à l'hôtel de Gouvernet.

Cette fois les portes s'ouvrirent à deux battants : la marquise avait été prévenue; d'ailleurs, elle pouvait le recevoir sans conséquence, elle avait plus de quatre-vingts ans.

Voltaire, tout essoufflé, lui prit la main et la baisa :

— Voilà tout ce que nous pouvons faire aujourd'hui, marquise, dit-il en hochant la tête.

Elle n'en pouvait revenir de le voir si cassé et si vieux.

— Ah! mon ami Voltaire, lui dit-elle avec un sourire mélancolique, qu'avons-nous fait de nos vingt ans? Ce jeune fou et cette jeune folle qui s'aimaient si gaiement dans la rue Cloche-Perche ou dans la rue Saint-André-des-Arts, ce n'est plus vous, ce n'est plus moi.

— C'est vrai, dit Voltaire, on meurt tous les vingt ans, on meurt tous les jours, jusqu'à l'heure suprême où le corps n'est plus qu'un linceul qui recouvre des os. Bien heureux ceux qui ont vécu! Là-dessus, marquise, vous n'avez point à vous plaindre, ni moi non plus.

— Moi, grâce à Dieu! ma vie a été un roman facile à lire; mais la vôtre, quelle lutte éloquente et désespérée! Vous avez repris la guerre des Titans.

— Oui, oui, j'ai déchaîné Prométhée : j'en ai encore les mains toutes sanglantes. C'est égal, maintenant que j'ai tracé mon sillon d'angoisses, j'ai oublié le labeur et les larmes pour ne plus me souvenir que des roses qui ont fleuri sous mes pieds. Ah! Philis, quelle fraîcheur printanière sur tes joues de vingt ans! Je n'ai jamais cultivé de pêches à Ferney sans en baiser une tous les ans en ton honneur. Ah! madame, les vanités du monde vous ont-elles jamais permis ces belles heures, filées d'amour et de temps perdu, que nous dépensions il y a plus d'un demi-siècle?

— Hélas! dit la marquise, qui ne regardait plus le Voltaire cacochyme chargé de quatre-vingts hivers, et qui voyait encore dans son imagination le Voltaire peint par Largillière, je donnerais bien mon hôtel, mes fermes de Beauce et de Bretagne, mes diamants et mes carrosses, avec mon suisse par-dessus le marché, pour vivre encore une heure de notre belle vie.

— Et moi, dit Voltaire en s'animant, je donnerais mes tragédies et mon poëme épique, mes histoires et mes contes, toute ma gloire passée, tous mes droits à la postérité, avec mon fauteuil à l'Académie par-dessus le marché, pour vous prendre encore un seul des baisers du bon temps.

VIII

QUAND ON EST MORT.

Trouvèrent-ils un dernier baiser sur leurs lèvres mortes? L'histoire ne le dit pas.

La marquise était devenue dévote. Un prêtre qui vivait à sa table et qui l'endormait le soir avec des oraisons vint brusquement se jeter entre les vieux amoureux.

Quand Voltaire fut parti, ce prêtre épouvanta la marquise en lui disant qu'elle venait d'accueillir l'antechrist dans sa maison; elle voulut faire pénitence de ce retour vers des joies condamnées. Elle avait toujours gardé le portrait de Voltaire; le lendemain, un grand laquais apporta ce portrait chez M. de Villette, sur le quai des Théatins, où Voltaire était venu de Ferney pour mourir, avec une lettre où madame de Gouvernet priait Voltaire d'offrir à sa nièce « cette figure longtemps aimée. » Madame de Gouvernet voulait cacher ses craintes de l'antechrist sous un air de bonne grâce.

Le 30 mai 1778, M. de Voltaire rendit son âme à Dieu, et le lendemain mademoiselle de Livry, marquise de Gouvernet, s'en alla chez les morts. On peut dire qu'ils ont fait le voyage ensemble.

Vivant, la France n'avait pas voulu de Voltaire; mort, elle le proscrivit encore. Il s'était préparé une tombe dans le cimetière de Ferney, sous le ciel où il avait vieilli et où il avait fait du bien; on ne lui voulut point accorder ce coin de terre qui était à lui; on décida que celui qui avait fait bâtir l'église n'avait pas droit de cité dans le cimetière. Pendant que la dépouille de Voltaire frappait vainement à toutes les portes des églises, madame la marquise de Gouvernet était enterrée en grande pompe à Saint-Germain-des-Prés.

Se sont-ils revus là-haut, auprès de celui qui, selon Voltaire,

> A daigné tout nous dire en nous disant d'aimer?

MADAME FAVART.

I

Qui n'a vu, en passant sur les quais, cette belle gravure de Larmessin, d'après Carl Vanloo, représentant madame Favart dans la *Chercheuse d'esprit?* Comme on voit bien que Nicette aura tout à l'heure beaucoup plus d'esprit que celui-là qui lui en donne! Comme l'amour va la déniaiser, cette charmante ingénue assise sous l'arbre de la science! Elle n'attendra pas que les pommes soient mûres, et elle ne les trouvera pas amères, puisque l'amour parfume ses lèvres et aiguise ses dents.

Mais n'ayons pas d'esprit hors de propos sur madame Favart; laissons parler le bonhomme Favart, qui était une bête. Il a lui-même raconté ainsi l'histoire de sa femme :

Marie-Justine-Benoite Duronceray naquit à Avignon le 15 juin 1727, sur la paroisse Saint-Agricol. Elle était fille d'André-René Duronceray, ancien musicien de la chapelle de Sa Majesté, et depuis musicien du feu roi Stanislas, et de Perrette-Claudine Bied, aussi musicienne de la chapelle du roi de Pologne. Ce prince, qui s'intéressait au bonheur de tous ceux qui l'environnaient, eut la bonté de contribuer lui-même à l'éducation de la petite Duronceray, qui s'annonçait déjà par des talents prématurés. Les plus habiles maîtres la formèrent pour la danse, la musique, les différents instruments et les éléments de la langue. En 1744, sa mère obtint un congé du roi Stanislas pour venir à Paris. Mademoiselle Duronceray parut à l'Opéra-Comique, à la foire Saint-Germain, sous le nom de mademoiselle Chantilly, première danseuse du roi de Pologne. Elle débuta par le rôle de Laurence, qu'elle joua d'original dans une pièce intitulée les *Fêtes publiques*, faite à l'occasion du premier mariage de feu monseigneur le Dauphin. Elle eut beaucoup de succès, tant dans la danse que dans le chant et le dialogue.

Cette même année, l'Opéra-Comique fut entièrement supprimé, parce que ses progrès alarmaient les autres spectacles. Le sieur Favart, qui était alors directeur général de l'Opéra-Comique pour le compte de l'Académie royale de musique, obtint une permission de donner un spectacle pantomime à la foire Saint-Laurent sous le nom de *Matheus*, danseur anglais, toujours pour le compte du grand Opéra, afin de remplir les engagements que l'on avait pris avec les acteurs de l'Opéra-Comique. Mademoiselle Chantilly et mademoiselle Gobé en firent la réussite par la façon dont elles exécutèrent une pantomime en un acte, intitulée *les Vendanges de Tempé*. Sur la fin de la même année, au mois de décembre, mademoiselle Chantilly épousa le sieur Favart, qu'elle suivit à Bruxelles, parce qu'il était chargé de la direction du spectacle de cette ville. Ce fut là que ses talents se développèrent, talents dangereux qui lui attirèrent, ainsi qu'à son mari, les plus cruelles persécutions de la part de ceux qui devaient les protéger. Ils aimèrent mieux, pour s'y soustraire, sacrifier toute leur fortune : ce qu'ils exécutèrent après avoir satisfait à tous les engagements et payé les dettes de la direction.

Madame Favart vint donc à Paris, et débuta au Théâtre-Italien le 5 août 1749. Il n'y a point eu d'exemple d'un plus grand succès ; mais les persécutions se renouvelèrent et l'empêchèrent de continuer son début ; enfin elle en triompha, et, l'année suivante, elle reparut sur le même théâtre, le 18 janvier, avec encore plus d'avantage ; elle fut reçue d'abord à part entière (faveur assez rare et qu'elle ne devait qu'à ses propres talents). Une gaieté franche et naturelle rendait son jeu agréable et piquant : elle n'eut point de modèles, et en servit. Propre à tous les caractères, elle les rendait avec une vérité surprenante. Soubrettes, amoureuses, paysannes, rôles naïfs, rôles de caractère, tout lui devenait propre ; en un mot, elle se multipliait à l'infini, et l'on était étonné de lui voir jouer, le même jour, dans quatre pièces différentes, des rôles entièrement opposés. *La Servante maîtresse*, *Bastien et Bastienne*, *Ninette à la cour*, *les Sultanes*, *Annette et Lubin*, *la Fée Urgèle*, *les Moissonneurs*, etc., ont prouvé qu'elle saisissait toutes les nuances, et que, n'étant jamais semblable à elle-même, elle se transformait et paraissait réellement tous les personnages qu'elle représentait ; elle imitait si parfaitement les différents idiomes et dialectes que les personnes dont elle empruntait l'accent la croyaient leur compatriote.

Ce fut elle qui, la première, observa le costume ; elle osa sacrifier les agréments de la figure à la vérité des caractères. Avant elle, les actrices qui représentaient des soubrettes, des paysannes, paraissaient avec de grands paniers, la tête surchargée de diamants, et gantées jusqu'au coude. Dans *Bastienne*, elle mit un habit de laine, tel que les villageoises le portent ; une simple croix d'or, les bras nus et des sabots. Cette nouveauté déplut à quelques critiques du parterre ; mais Voisenon les fit taire en disant : « Messieurs, ces sabots-là donneront des souliers aux comédiens. »

Dans la comédie des *Sultanes*, on vit, pour la première fois, les véritables habits des dames turques ;

ils avaient été fabriqués à Constantinople avec les étoffes du pays. Cet habillement, tout à la fois décent et voluptueux, trouva encore des contradicteurs.

Lorsqu'on donna la parodie des *Indes galantes* à la cour, il fallut que madame Favart y parût sous le costume ridicule et fantastique que l'usage avait établi. Cependant, quelque temps après, on y représenta l'opéra de *Scanderbeg*, et l'on emprunta l'habit de sultane de madame Favart pour en faire sur ce modèle. Mademoiselle Clairon, qui eut aussi le courage d'introduire le véritable costume à la Comédie-Française, fit faire un habit à peu près sur le même patron dont elle se servit au théâtre.

Dans l'intermède, intitulé *les Chinois*, représentés aux Italiens, elle parut, ainsi que les autres acteurs, vêtue exactement selon l'usage de la Chine : les habits qu'elle s'était procurés avaient été faits dans ce pays, de même que les accessoires et les décorations, qui avaient été dessinés sur les lieux. En un mot, elle n'épargnait et ne négligeait rien pour augmenter le prestige de l'illusion théâtrale.

Au moi de juin 1771, la maladie dont elle est morte se déclara; sa fermeté n'en fut point ébranlée; et, quoiqu'elle connût que son état était désespéré, elle continua de jouer pour l'intérêt de ses camarades jusqu'à la fin de l'année 1771. Elle s'alita le jour des Rois, envoya chercher des notaires pour son testament, qu'elle fit avec une présence d'esprit, une tranquillité d'âme et un enjouement qui les étonnèrent. Quelques jours après, elle eut une crise violente ; sa garde, qui la croyait expirante, se jeta à genoux, en disant : Courage ! « courage ! madame ;

ce n'est rien, je vais faire toucher des linges à la châsse de la bienheureuse sainte Geneviève. » Madame Favart, qui avait repris ses sens, lui répondit : « Je ne donne point dans les momeries : mais je sais que telles et telles personnes sont dans le besoin : qu'on leur donne, de ma part, de quoi les soulager; les bonnes actions valent mieux que les prières. » Et tout de suite elle demanda les secours de l'Église, qui lui furent administrés ; elle les reçut avec une entière résignation, mais sans rien perdre de son caractère. Elle fit elle-même son épitaphe, qu'elle mit en musique dans les intervalles des plus cruelles douleurs.

Madame Favart a eu effectivement part aux pièces où l'on a mis son nom, pour les sujets, le choix des airs, les pensées, les couplets qu'elle composait, et différents vaudevilles dont elle faisait la musique; son mérite en ce genre était peu connu, parce que sa modestie l'empêchait d'en tirer avantage. Isolée, retirée dans le sein de sa famille, elle ne cherchait point à faire sa cour, elle s'occupait de sa profession; sa harpe, son clavecin, la lecture, étaient ses seuls amusemens : tout au plus cinq ou six personnes recommandables par leurs mœurs formaient sa société. Telle fut madame Favart.

Voici les vers que l'on a faits pour mettre au bas de son portrait :

Nature un jour épousa l'Art :
De leur amour naquit Favart,
Qui semble tenir de son père
Tout ce qu'elle doit à sa mère.

Ainsi parle M. Favart sur madame Favart. Pourquoi ne pas ajouter foi à un brave homme de mari faisant l'apologie de sa femme, des grâces de sa femme, des vertus de sa femme? Cela n'est pas si commun; les maris se contentent le plus souvent de faire une épitaphe, laissant aux Bossuets de leurs paroisses les soins de l'oraison funèbre. Si Favart ne fut pas toujours un mari content, il eut toujours les joies conjugales du cœur, soit en face du maréchal de Saxe, soit en compagnie de l'abbé de Voisenon, ce faiseur de contes qui passait pour faire les comédies et les enfants de Favart. Mais, avant de rapporter ici les opinions délicates de ceux qui ont sondé ce mystère, il faut lire l'histoire de Favart.

Favart lui-même avait commencé à l'écrire :

Je suis originaire d'une des plus honnêtes familles bourgeoises de la ville de Reims; mon aïeul était secrétaire de l'intendant de Soissons. Sa place et plusieurs charges et offices dont il était pourvu l'avaient mis à son aise. Le mieux est l'ennemi du bien : il voulut augmenter sa fortune, il la perdit. Des entreprises dans lesquelles il avait mis ses fonds réussirent mal, il essuya des banqueroutes; le chagrin abrégea ses jours. Sa veuve, réduite avec deux enfants à un revenu très-modique, n'ayant plus le moyen de subvenir aux frais de leur éducation, fit apprendre un métier à mon père.

Dès qu'il fut en état de l'exercer, il épousa la fille d'un bon fermier de Goussainville, près Gonesse : je fus le premier fruit de leur mariage.

Je naquis à Paris, sur la paroisse de Saint-Jean en Grève, le 13 novembre 1710. Mon père et ma mère se chargèrent seuls du soin de mon instruction pendant les premières années de mon enfance. En très-peu de temps, sans le secours des livres d'alphabet, ils m'apprirent à lire et à former des caractères par un moyen ingénieux qu'ils avaient imaginé pour m'instruire en m'amusant. Mon père avait un esprit vif et une gaieté franche ; il faisait des chansons avec facilité ; il ajustait sur des airs de vaudeville les principes de morale et les autres préceptes qu'il voulait m'inculquer ; je les retenais aisément en chantant avec lui. De son côté, ma mère, d'un caractère plus sérieux, et qui avait l'esprit plus orné, développait insensiblement mes idées, et formait mon cœur en me racontant différents traits de l'histoire ou de la Fable mis à ma portée.

A sept ans, je fus mis en pension chez un maître ès arts : j'en sortis trois ans après pour entrer en cinquième au collége de Louis-le-Grand. J'eus le bonheur de m'y distinguer ; mais, n'ayant pas de répétiteur, mon travail devenait plus pénible. Une application trop forcée dérangea ma santé ; je tombai malade pendant les vacances. Mon père, alarmé, me fit quitter mes études pour embrasser sa profession. Le temps que mon obéissance lui sacrifia ne fut pas entièrement perdu pour moi : j'eus occasion de connaître le célèbre abbé Nolet, alors précepteur du fils d'un cordonnier nommé Péraut ; il me prit en amitié, et se fit un plaisir de m'instruire lui-même.

Tous les goûts à la fois entrèrent dans mon âme; ma mère favorisait mon goût pour la littérature; elle me fournissait en secret les livres dont j'avais besoin; je m'en procurais d'autres avec l'argent de mes menus plaisirs, et je me formai une petite bibliothèque composée des meilleurs auteurs.

Mon père aimait le spectacle; il me menait souvent à la comédie, mais de préférence à l'Opéra-Comique, dont le genre était plus analogue à sa gaieté. Je composai, pour lui faire ma cour, une pièce en vaudevilles, dont il fut si enchanté, qu'il ne me gêna plus dans mes occupations littéraires, et qu'il me permit de reprendre mes études, à condition néanmoins que je ne renoncerais pas à sa profession, et que je serais à ses ordres toutes les fois qu'il aurait besoin de moi.

Je retournai donc au collége de Louis-le-Grand, où je fis ma troisième. Je mettais en vers français la matière que l'on donnait pour les vers latins, jugeant, d'après Boileau, que, s'il était difficile de faire de bons vers en notre langue, on ne pouvait pas se flatter de mieux réussir dans la poésie latine. Mon régent m'approuva. Après un intervalle de six mois, que j'employai à suivre les leçons de M. Rollin, au collége Royal, j'entrai en rhétorique sous les pères Porée et la Sante.

Ils eurent des bontés particulières pour moi; mais je n'en pus profiter longtemps. La mort de mon père mit fin à mes études classiques.

Je devenais absolument nécessaire à ma mère; je lui donnai tous les soins et tous les secours qu'elle attendait de mon devoir et de ma tendresse pour elle. Le système nous avait ruinés ; mon père laissait des dettes. Je brochai une douzaine d'opéras-comiques.

. . . .

II

Jusque-là, Favart faisait ses opéras comme ses brioches, avec les distractions et les hasards de la jeunesse. Le sel manquait quelquefois de part et d'autre ; mais le pâtissier-poëte se faisait pardonner à force de bonne volonté et de belle humeur.

Il débuta par un petit poëme, *la France délivrée par la Pucelle d'Orléans*, qui lui valut la violette à l'Académie des jeux floraux. C'était une œuvre pavée de bonnes intentions, mais écrite en mauvais vers. Favart eut le bon esprit, dans l'effervescence de la passion poétique où le poëte n'était pas né encore, de ne pas abandonner le four paternel, devant lequel son père avait rimé lui-même des couplets sans nombre, tout en suivant des yeux les belles teintes dorées qui se répandaient sur les gâteaux. Favart s'imagina longtemps qu'en fin de compte ses opéras ne seraient bons qu'à allumer son four. Quand il avait écrit le dernier couplet, il ne manquait jamais d'ajouter au bas de la page : *Bon à mettre au four.*

Enfin il se décida à en appeler au public de tous ses auto-da-fé; on donna la première représentation des *Deux Jumelles.*

Ce mauvais opéra eut un vrai succès. Favart, enthousiaste de lui-même, courut chez sa mère pour lui raconter son triomphe. « C'est toujours cela, lui dit sa mère avec des larmes dans les yeux; mais, comme un bonheur n'arrive jamais seul, on est venu tout à l'heure de chez la duchesse me commander, pour ce soir même, tout un souper en pâtisserie. Allons, mon ami, il faut mettre la main à la pâte. » Favart passe la main sur son front, comme pour effeuiller la couronne idéale du poëte; sa mère lui apporte le bonnet de coton et le tablier blanc. Favart se met à l'œuvre : le voilà pétrissant le chaos de pur froment pour y créer tout un monde de pâtés, de meringues et de fanfreluches. On entend piaffer des chevaux; c'est un carrosse qui s'arrête à la porte. Madame Favart fait trois révérences, et s'enfuit dans l'arrière-boutique pour s'attifer un peu; Favart dégage ses mains, et s'avance bravement à la rencontre du nouveau venu. « Je viens, dit l'homme qui descendait de carrosse, pour parler à M. Favart, l'auteur de l'opéra-comique que je viens d'applaudir au théâtre de la foire. » Favart, pour la première fois de sa vie, ne fut pas un homme d'esprit. Quelle bonne fortune pour lui, en effet, que son équipage en face de celui du fermier général! Il aurait dû lui répondre bravement : Je suis M. Favart; voulez-vous des couplets ou des brioches? Est-ce au poëte ou au pâtissier que vous voulez parler? Mais, au lieu de prendre bravement son parti, d'être un bon fils, travaillant pour sa mère avec tout le talent de son père, il se déroba à lui-même, comme au bal masqué : « Monseigneur, dit-il au fermier général, je vais prévenir M. Favart, car je ne suis que son garçon de boutique. »

Voilà Favart en pleine comédie. Il monte précipitamment dans sa chambre pour changer d'habit et de coiffure; mais le fermier général, qui s'ennuyait sur la scène, regarda ce qui se passait dans la coulisse. La chambre de Favart ne prenait son jour que par la boutique; on le voyait passer et repasser à travers les légers rideaux de la fenêtre. Favart redescend avec un certain air de marquis endimanché, secouant la farine, qu'ai-je dit! le tabac répandu sur son jabot et ses manchettes. « Monsieur (il avait supprimé le monseigneur), je suis à vos ordres; je rentre à l'instant même du théâtre de la foire. »

Mais le fermier général ne s'y méprit pas; il reconnut que le maître et le garçon ne faisaient qu'un. « Monsieur, lui dit-il en lui prenant la main, vous avez voulu garder l'incognito... » Favart pâlit, et pensa à ses meringues interrompues. Le fermier général continua : « Vous avez voulu garder l'incognito, mais le directeur du théâtre de la foire m'a dit que l'auteur des *Deux Jumelles* n'avait pas d'argent; comme je suis l'argent en personne, je viens à vous; il faut bien que la fortune se trompe quelquefois de porte. J'ai été moi-même longtemps brouillé avec elle; mais, depuis qu'elle est sous mes ordres, je m'amuse à lui montrer quelquefois son chemin. » Ainsi parla le fermier général. Favart aurait pu lui dire : Peste, monsieur, vous avez de l'esprit comme si vous n'aviez pas d'argent; mais il n'était préoccupé que de son second incognito. Le fermier général poursuivit : « Rassurez-vous, monsieur, je ne viens pas vous offrir de l'argent à brûle-pourpoint; je respecte trop pour cela votre talent et votre personne. J'ai une fête à donner demain à ma femme ou à ma maîtresse, car c'est la fête de l'une ou de l'autre; je vais, si vous voulez, vous emmener dans mon carrosse pour que vous veniez diriger la fête; vous me ferez quelque parade, une bonne scène de comédie, beaucoup de couplets, en un mot tout ce qu'il vous plaira. — C'est impossible ! dit Favart en pensant au souper de la duchesse et en jetant à la dérobée un coup d'œil sur son four. — C'est impossible, dites-vous! est-ce que vos garçons ne pourraient pas gouverner votre boutique? Par exemple, celui qui était là tout à l'heure m'a l'air d'un gaillard bien entendu... — Oh! pour celui-là! s'écria Favart en jetant le masque, c'est encore moi. — A la bonne heure donc! voilà qui est bien parlé. » Et le fermier général embrassa Favart avec l'effusion d'un père. « J'avais tout vu, ajouta-t-il; je vous conseille, mon ami, de faire des comédies; mais je ne vous conseille pas de jouer la comédie, surtout si vous avez toujours la main à la pâte. »

Favart monta en carrosse pour accompagner le fermier général. Oublia-t-il, en soupant avec lui et ses convives habituels, le souper inachevé de la duchesse? Qu'importe! le sort en était jeté. Ainsi va le monde, ainsi va la destinée! Favart était né pour faire des opéras-comiques.

Il devint bientôt la providence du théâtre de la foire. A la réouverture, il fut chargé d'un prologue qui obtint les applaudissements de la haute critique.

Mais son vrai génie était de chanter, témoin cette chanson :

AIR : V'là c'que c'est qu' d'aller au bois.

Ma mère aux vaignes m'envoyit,
Je n'sais comment ça se fit.
En partant elle m'avait dit :
Travaille, ma fille ;
Vendange, grappille ;
Malgré moi Colin m'amusit,
Je n'sais comment ça se fit.

Malgré moi Colin m'amusit,
Je n'sais comment ça se fit.
Si drôlement il m'abordit :
Travaille, ma fille;
Vendange, grappille :
Que pour lui mon cœur s'attendrit,
Je n'sais comment ça se fit.

Il prit ma main et la baisit,
Je n'sais comment ça se fit.
Mais ma vertu le repoussit :
Travaille, ma fille;
Vendange, grappille ;
Si rudement, qu'il en tombit,
Je n'sais comment ça se fit.

Mais en tombant il m'entraînit,
Je n'sais comment ça se fit.
L'un ni l'autre ne se blessit :
Travaille, ma fille;
Vendange, grappille ;
Stapendant le coup m'étourdit,
Je n'sais comment ça se fit.

Un bon trait de vin me remit,
Je n'sais comment ça se fit.
En même temps il m'endormit :
Travaille, ma fille;
Vendange, grappille;
Mon amant pour moi vendangit,
Je n'sais comment ça se fit.

Si bien de sa sarpe il agit,
Je n'sais comment ça se fit,
Qu'avant que l'on me réveillît :
Travaille, ma fille;
Vendange, grappille;
Mon pagnier se trouva rempli,
Je n'sais comment ça se fit.

Pourquoi le suivrait-on pas à pas, maintenant qu'il va tout seul, à travers toutes les belles folies et toutes les vertes passions de la jeunesse? Il fut bientôt surnommé le La Fontaine de l'opéra-comique. En effet, il avait un peu de cette naïveté malicieuse, de cette gaieté gauloise, de ce naturel charmant qui nous séduit dans le bonhomme incomparable. Toutefois, de tous ces opéras, de tous ces vaudevilles, de toutes ces comédies de la foire, rien n'est digne aujourd'hui d'être réimprimé, si ce n'est ce chef-d'œuvre qui a pour titre *la Chercheuse d'esprit*, si ce n'est cette comédie galante qui s'appelle *les Trois Sultanes*, où, sous le nom de Soliman et de Roxelane, Favart a osé mettre en scène Louis XV et madame de Pompadour.

On se rappelle les vers de Crébillon :

Il est un auteur en crédit,
Qui dans tous les temps saura plaire :
Il fit la *Chercheuse d'esprit*,
Et n'en chercha pas pour la faire.

Il faut ajouter que Favart avait tout simplement pris l'esprit de La Fontaine. Avec cet esprit-là, brouillé avec le sien, il pouvait se dispenser d'en chercher ailleurs.

Favart parodiait très-gaiement les tragédies de son temps. Ces parodies n'ont laissé d'autre souvenir que l'histoire de la perruque d'un financier. *Ma mie Babichon*, qui jouait Phèdre à peu près comme mademoiselle Cico jouait, ces jours-ci, Pénélope dans la parodie d'*Ulysse*, écoutait, avant d'entrer en scène, le jargon d'un amoureux suranné, qui, dans l'effervescence de la passion (il n'avait que quatre-vingts ans), se jeta aux genoux de la comédienne, lui offrant sa bourse et sa vie : *ma mie Babichon* manqua son entrée ; quand elle entendit sa réplique, elle repoussa le suppliant et se précipita sur la scène comme il convient à une Phèdre éperdue. Elle fut accueillie par un éclat de rire olympien : la perruque du financier était aussi entrée en scène.

D'opéra-comique en opéra-comique, Favart arriva, tout en chantant, jusqu'à sa quatre-vingt-deuxième année. On était en 1792 : il n'y avait plus que lui qui chantât en France. Il vivait en grande amitié avec Goldoni et Laplace, qui étaient aussi vieux que lui. La guillotine respecta, selon une phrase du temps, les trois Nestors de la littérature.

Favart mourut le 12 mai de cette année de la mort, — 1792 ! — dans sa petite maison de Belleville, qu'il habitait depuis un quart de siècle; il fut enterré dans son jardin, où l'on peut lire encore cette épitaphe, dans le style du temps :

Sous le lilas et sous la rose,
Le successeur d'Anacréon,
Favart, digne fils d'Apollon,
En cet humble tombeau repose.

Ainsi soit-il !

Sa vie ne fut pas toujours, comme sa mort, couronnée de roses et de lilas; il porta, lui aussi, sa couronne d'épines. Sa femme, qu'il a adorée pendant cinquante ans, lui fut disputée par le maréchal de Saxe, qui avait à sa disposition toutes les armées du roi de France et de Navarre. Le héros de Fontenoy gagna-t-il cette bataille galante? Qui le dira jamais ! Le maréchal disait oui; madame

Favart disait non; Favart disait comme les philosophes : Que sais-je *!

C'est toute une Odyssée. Madame Favart une autre Pénélope, Favart un autre Ulysse, qui a essuyé toutes les tempêtes avant de rentrer dans Ithaque.

* Voici comment écrivait le héros à celle dont il voulait faire son héroïne.

« Mademoiselle de Chantilly, je prends congé de vous; vous êtes une enchanteresse plus dangereuse que feu madame Armide. Tantôt en pierrot, tantôt travestie en Amour, et puis en simple bergère, vous faites si bien, que vous nous enchantez tous. Je me suis vu au moment de succomber aussi, moi dont l'art funeste effraye l'univers. Quel triomphe pour vous si vous aviez pu me soumettre à vos lois! Je vous rends grâce de n'avoir pas usé de tous vos avantages, vous ne l'entendez pas mal pour une jeune sorcière, avec votre houlette, qui n'est autre que la baguette dont fut frappé ce pauvre prince des Français que Renaud l'on nommait, je pense. Déjà je me suis vu entouré de fleurs et de fleurettes, équipage funeste pour tous les favoris de Mars. J'en frémis; et qu'aurait dit le roi de France et de Navarre, si, au lieu du flambeau de sa vengeance, il m'avait trouvé une guirlande à la main? »

MADEMOISELLE CLAIRON.

I

La vie des comédiennes du XVIIIe siècle est plus compliquée, plus romanesque, plus invraisemblable que les romans imaginés. Dans ce temps-là les comédiennes savaient vivre : c'étaient les cigales qui chantent et dansent toute la belle saison dans les parterres de roses, par les luzernes fleuries, sur les rives embaumées, sans prévoir que novembre amènera la bise. Aujourd'hui les comédiennes ont trop lu la fable de La Fontaine. Presque toutes, comme la fourmi, ne pensent qu'à l'hiver dans les jours dorés du printemps. La Fontaine a prêché faux, ce n'est pas la fourmi qui a raison, c'est la cigale.

Peu d'années avant de mourir, mademoiselle Clairon écrivit ses Mémoires, Mémoires d'outre-tombe, puisqu'ils ne devaient paraître qu'après sa mort. Un ami infidèle en publia une traduction allemande. Le 28 thermidor an VI, mademoiselle Clairon écrivit au rédacteur du *Publiciste* : « Puisque mon livre paraît dans un pays étranger, la crainte de manquer à tout ce que je dois de reconnaissance au public et de respect à ma nation me décide à faire imprimer moi-même cet essai. *Signé* : la citoyenne CLAIRON. »

En démasquant la célèbre comédienne dans ses Mémoires, et en feuilletant les journaux du temps et les correspondances, il est possible de retrouver mot à mot sa vie telle que Dieu, l'amour et le hasard l'ont faite. Que ceci ne soit donc regardé que comme une étude patiente où l'imagination ne viendra pas une seule fois secouer la poussière d'or de ses ailes chatoyantes. Qui sait si, en étudiant l'histoire d'une comédienne française, il n'y a pas plus de philosophie à recueillir que dans l'histoire d'une régente de France? Reine de théâtre, reine de France, je n'oserais dire quelle est la plus reine ou la plus comédienne des deux.

Mademoiselle Clairon (Claire-Hippolyte Leyris

de la Tude) naquit en 1723, à Condé, dans le Hainaut. Laissons-la raconter elle-même ses premiers moments, qui furent bien ceux d'une comédienne. « L'usage de la petite ville où je suis née était de se rassembler en temps de carnaval chez les plus riches bourgeois, pour y passer tout le jour en danses et festins. Loin de désapprouver ce plaisir, le curé le doublait en le partageant, et se travestissait comme les autres. Un de ces jours de fête, ma mère, grosse seulement de sept mois, me mit au monde entre deux et trois heures de l'après-midi. J'étais si faible, qu'on crut que peu de moments achèveraient ma carrière. Ma grand'mère, femme d'une piété vraiment respectable, voulut qu'on me portât sur-le-champ même à l'église, pour y recevoir au moins mon passe-port pour le ciel. On ne trouva âme qui vive, ni à l'église, ni au presbytère. Une voisine dit que tout le monde était en fête de carnaval chez un homme de qualité. On m'y transporta. M. le curé, habillé en Arlequin, et son vicaire en Gille, jugèrent, en me voyant, qu'ils n'avaient pas un moment à perdre. On prit sur le buffet tout ce qui pouvait m'être nécessaire ; on fit taire un moment le violon, on dit les paroles consacrées, et on me ramena à la maison. » Il faut avouer que c'était là entrer gaiement dans la vie.

Il est curieux de voir mademoiselle Clairon, devenue sage, prendre sa vie au sérieux et écrire sur elle-même des réflexions profondément senties. Vieille femme, elle est aussi sentencieusement grave qu'elle était follement légère en ses belles années : elle écoute son cœur, ses souvenirs, le bruit qui se fait autour d'elle; elle taille une plume et se met à écrire; elle se demande le secret de la vie et elle essaye d'y répondre. Après onze réflexions dignes de Socrate, elle arrive à cette douzième : « Pour remplir le devoir que la raison m'impose, pour être en état de me juger moi-même, ne faut-il pas remonter aux principes de tout? Que suis-je? qu'a-t-on fait? qu'ai-je pu? La Providence m'a déposée dans le sein d'une bourgeoise pauvre, libre, faible et bornée; mon malheur a précédé mon existence. »

La vieille Hippolyte Clairon part de là avec tout le sérieux de Jean-Jacques pour raconter sommairement sa vie. Dans son récit, c'est toujours la philosophie qui domine; on sent bien qu'elle avait assisté trop souvent aux soupers des encyclopédistes. Sa manière d'écrire rappelle aussi sa manière de jouer; elle conserve toujours l'accent solennel du théâtre. Dans ces singuliers Mémoires qui, loin de la peindre, ne font guère que la masquer, on ne trouve pas un mot naïf, on n'entend pas un cri du cœur.

Et cependant elle a aimé. Jeune, elle s'est promenée avec délices sous les saules de la prairie, suspendue au bras de son cher du Rouvray; elle qui aimait le silence des bois et les murmures de la vallée, pourquoi a-t-elle ainsi oublié les joies du cœur et de la nature? On peut expliquer ainsi cette contradiction : retirée du théâtre et des passions, elle se mit à étudier l'histoire naturelle : dès la première année, elle ne vit plus sous le ciel bleu qu'un vaste herbier. La vallée, si riche autrefois pour encadrer ses amours, ne fut bientôt plus pour elle que le livre sans parfums des savants, qui donneraient toutes les splendeurs d'un coucher de soleil pour la découverte d'un nouveau lichen ou d'un nouvel insecte. Si mademoiselle Clairon dépoétisa ainsi la nature, plus tard elle dépoétisa aussi l'amour en voulant l'analyser. Les poëtes sont de sublimes ignorants : savoir, c'est perdre.

II

On connaît déjà la naissance de mademoiselle Clairon ; sa mère n'avait pas seulement le malheur d'être pauvre, elle était méchante et superstitieuse; catholique avec fureur, elle battait sa fille pour lui faire aimer Dieu ; elle s'amusait à la tourmenter par les peintures de l'enfer. La pauvre Hippolyte, à onze ans, n'avait jamais eu le loisir de s'ébattre au soleil avec des enfants de son âge. C'était une petite Cendrillon pâle, chétive, étiolée, qui n'avait pour toute distraction que deux livres à lire, un catéchisme et un livre de prières. Mais ce Dieu qu'elle ne prie pas parce qu'elle le prie trop, aura pitié de cette pauvre et jolie ignorante qui demande à vivre et qui n'apprend qu'à mourir.

Madame Clairon, pour se délivrer de sa fille à certaines heures des jours consacrés aux visites, l'enfermait dans une petite chambre sans meubles où rien ne parlait aux yeux. « Qu'y faire? — Coudre, » disait la mère. Mais Hippolyte, qui était née reine, comme d'autres naissent servantes, ne voulut jamais garder une aiguille dans ses doigts. Dans cette triste chambre il lui restait le loisir de rêver; mais pour rêver il faut avoir de l'imagination ; il faut, comme disait un philosophe, avoir vu, lu, ouï. Hippolyte avait jusque-là ouï des contes de revenants, lu son catéchisme et vu le triste intérieur de sa mère. « Si j'ouvrais la fenêtre ? » dit-elle par pressentiment. Elle ne put y parvenir; en désespoir de cause, elle monta sur une chaise et appuya son front sur une vitre. Comme elle était au quatrième étage, elle ne pouvait voir les passants; elle promena ses regards sur les toits, sur les pignons, sur les fenêtres du voisinage.

Tout d'un coup une grande fenêtre s'ouvre en face de la sienne; un spectacle magique la frappe et l'éblouit : la fameuse mademoiselle Dangeville habitait là. Elle prenait une leçon de danse; tout ce que la nature et la jeunesse avaient pu réunir de charmes était répandu sur elle. « J'étais tout entière dans mes yeux ; je ne perdis pas un de ses mouvements. Elle était entourée de sa famille. La leçon finie, tout le monde l'applaudit et sa mère l'embrassa. Ce contraste de son sort au mien me pénétra d'une douleur profonde, mes larmes ne me permirent plus de rien voir. Je descendis de ma chaise, et quand mon cœur, moins palpitant, me permit d'y remonter, tout était disparu. »

Elle s'imagina d'abord que c'était un rêve. Elle se mit à causer avec elle-même; elle était heureuse et triste de voir que la vie ne se passait pas toujours avec une mère qui bat sa fille, avec un catéchisme qui étreint le cœur. Elle voulut pleurer encore; mais bientôt, sans le vouloir, elle se mit à sauter tout éperdue, croyant imiter les ronds de jambes de mademoiselle Dangeville. Elle trouva moyen de se mirer dans les vitres. Et quoique à peine à sa première leçon, elle fut émerveillée de ses charmantes folâtreries.

La petite chambre où on l'emprisonnait fut désormais un paradis pour elle. Elle s'y faisait enfermer tous les jours. Dès que la clef avait tourné dans la serrure, « je sentais des ailes qui me poussaient pour m'envoler je ne sais où. » Elle courait à la fenêtre tout en dansant ; elle assistait avec délices au spectacle des grâces naissantes de mademoiselle Dangeville ; elle croyait se voir elle-même.

Un soir qu'il y avait du monde chez sa mère, elle se pencha à l'oreille d'un homme qui la faisait jaser comme un oiseau babillard. « Dites-moi, monsieur, est-ce qu'il y a des femmes qui passent leur vie à danser ? — Oui, des comédiennes ; pourquoi me demandez-vous cela ? » Elle lui raconta mystérieusement ce qu'elle voyait depuis quelques jours. « J'y suis, dit le visiteur, c'est mademoiselle Dangeville, qui demeure en face. » Cet homme se tourna vers madame Clairon. « Madame, j'emmène ce soir Hippolyte à la comédie. — A la comédie ! dit la mère en se récriant, autant vaudrait me parler de la conduire en enfer. — Apaisez-vous, madame, le mal est fait, vous avez vous-même conduit votre fille à la comédie en l'enfermant dans la chambre voisine, car de la fenêtre elle a vu, ne le savez-vous donc pas ? elle a vu mademoiselle

Dangeville qui préludait à son jeu si spirituel. »

A peine cet homme a-t-il parlé, que voilà Hippolyte, emportée par ses souvenirs, qui s'élance au milieu de la chambre et reproduit toutes les mines charmantes de mademoiselle Dangeville. C'était à s'y méprendre : jamais on n'avait copié avec tant d'art et de vérité un joli portrait. Tout le monde fut émerveillé; la mère elle-même, qui ne riait jamais avec sa fille, n'eut pas la force de garder son sérieux. On parvint, séance tenante, à obtenir d'elle que sa fille irait le lendemain au spectacle.

Ce fut à la Comédie-Française que mademoiselle Clairon fit son entrée dans le monde, comme elle l'a dit elle-même ; pour elle l'univers n'était-il pas là ? On ne parviendrait pas à exprimer toute sa joie et tout son éblouissement ; elle eut peur d'en devenir folle.

Trois semaines après, cette petite fille, qui n'avait pas douze ans, débutait au Théâtre-Italien, sous la protection de Deshais. Mais le fameux Thomassin, qui avait des filles à produire, s'opposa bientôt aux succès de cette comédienne en miniature. Il fallut, d'ailleurs, une cabale bien organisée pour l'exiler des Italiens, où tout le monde admirait sa beauté délicate et sa grâce tout à la fois étudiée et naïve. Elle alla donc chercher fortune ailleurs. « On m'engagea dans la troupe de Rouen, que dirigeait La Noue, pour jouer tous les rôles de mon âge, chanter et danser. Je devais jouer la comédie, tout le monde m'était égal. »

Après avoir raconté cette première période de sa vie, la comédienne philosophe fait une pause et réfléchit. Elle écrit en tête d'une page : *Récapitulation.* Je manquerais au devoir de l'historien si je ne reproduisais cette page curieuse : « Jusque-là je n'ai rien à me reprocher : je ne connaissais rien, je ne pouvais rien, j'obéissais en aveugle au sort dont je me suis vue toute la vie et la victime et l'enfant gâtée. » Ainsi il est bien entendu que mademoiselle Clairon ne pouvait échapper aux égarements de sa vie. Le sort l'a conduite tête baissée dans toutes les folies et dans toutes les extravagances; confiante dans son étoile, elle s'endormait avec une voluptueuse nonchalance à la mer des dangers.

A Rouen, dès son début, mademoiselle Clairon fut recherchée dans le monde. La présidente de Bimorel, que Fontenelle a chantée en poëte de quatre-vingt-quinze ans, aimait la comédie; Hippolyte, qui passait pour une merveille de théâtre, fut appelée aux soupers de cette dame. Elle trouva là des soupirants de tous les âges; mais, toute à la passion de son art, elle ne voulait rien comprendre aux discours amoureux;

elle se contentait de mourir d'amour sur la scène. Le jour vint pourtant d'aimer pour elle-même; mais, comme toutes les femmes, elle aima d'abord sans le savoir. Il venait depuis quelque temps aux soupers de la présidente un jeune homme qui avait étudié à Paris, il se nommait du Rouvray. Il était noble ou peu s'en fallait. Du reste, sa figure, ses manières et son esprit pouvaient le dispenser d'un blason authentique. « Clairon, comment trouvez-vous M. du Rouvray? demanda un jour la présidente à la comédienne. — Je n'ai pas encore vu M. du Rouvray, répondit-elle. — Voilà dix fois que vous soupez en face de lui. — Ce n'est pas une raison, madame. — Ah! Clairon, je vous comprends! je me garderai bien de vous faire désormais souper ensemble. » Madame de Bimorel laissa venir du Rouvray comme de coutume, se promettant d'intervenir à propos.

Peu de jours après, Hippolyte fut applaudie avec enthousiasme dans les *Folies amoureuses*; deux comédiennes l'apportèrent presque évanouie sur la scène à la fin de la pièce. Enivrée de son triomphe, elle allait en chancelant chez la présidente. Comme elle arrivait à la porte, elle reconnut du Rouvray. « Ah! c'est vous, » dit-elle en se jetant dans ses bras. Voyant qu'elle pleurait, le jeune homme s'imagina qu'elle pleurait de chagrin. « Mon Dieu ! qu'avez-vous donc? — Vous ne voyez donc pas? lui répondit-elle. Je suis folle, je vous dirai pourquoi. Venez demain dans la barque de madame de Bimorel. » Là-dessus, du Rouvray et Clairon entrèrent chez la présidente : du Rouvray, surpris de l'expansion et des larmes de la jolie comédienne; Clairon, surprise d'elle-même, heureuse, mais confuse de son bonheur.

Madame de Bimorel avait une petite barque sur la Seine au bout d'une prairie qui continuait son parc; sa compagnie allait souvent goûter sur l'herbe de la prairie ou de l'île voisine. Le lendemain du grand succès de mademoiselle Clairon, du Rouvray se promena dès le soleil levant sur la rive où elle devait venir; après plus d'une heure, il l'aperçut enfin qui sautillait comme une verte cigale sur l'herbe arrosée. Il courut au-devant d'elle. « Pourquoi venir et pourquoi ne pas venir? » dit-elle en rougissant. Ils se promenèrent en silence. « Vous avez compris, dit-elle d'une voix troublée, pourquoi j'ai pleuré hier dans vos bras. J'avais été portée en triomphe; j'avais le cœur plein de joie, et je serais devenue folle si je n'avais pu me jeter dans vos bras. » Du Rouvray prit la main d'Hippolyte et l'appuya sur ses lèvres. Tout en se promenant, ils s'arrêtèrent devant la petite barque de la présidente;

la comédienne y descendit nonchalamment, du Rouvray la suivit avec ardeur et dénoua la corde. « Où allons-nous? demanda-t-il en voyant fuir le rivage. — Je ne sais pas, répondit-elle avec insouciance. — Faut-il ramer contre le cours de l'eau? — Non, que Dieu nous conduise! Savez-vous nager? — Pas le moins du monde. — Tant mieux, mon étoile est bonne. Est-ce que Dieu aurait la cruauté de jeter à l'eau de pauvres enfants qui ne savent pas nager? » La comédienne se pencha sur le fleuve. « D'ailleurs, reprit-elle en regardant du Rouvray avec une expression de tendresse et de mélancolie, l'eau est belle, il serait doux d'y tomber à deux! — Vous parlez là comme une tragédienne habituée à mourir tous les soirs sur le théâtre. — Je parle selon mon cœur. »

Cinquante ans après, mademoiselle Clairon, racontant ce voyage sur la Seine avec du Rouvray, écrivait entre parenthèses : « Je serais morte à propos; je n'avais pas encore la gloire, mais j'avais l'amour! J'ai survécu à tout ce qu'il y a de bon dans la vie des femmes; j'ai gardé mon cœur, mais qu'en puis-je faire avec ma figure? »

Cependant la nacelle allait toujours au cours de l'eau; du Rouvray n'avait qu'un coup de rame à donner çà et là pour la bien diriger. Tout en se penchant, pour se mirer sans doute, Hippolyte sentit se dénouer ses cheveux; du Rouvray abandonna les rames pour saisir d'une main frémissante cette belle chevelure si touffue et si éclatante qui était déjà le désespoir des comédiennes. Pendant qu'il essayait de la renouer, ou plutôt d'empêcher qu'elle ne fût renouée, la barque s'arrêta dans les roseaux devant une petite île couverte d'arbres. Hippolyte s'élança à terre avec la légèreté d'un oiseau. « Allons, méchant rameur, dit-elle en se retournant, prenez ma main et sautez sur l'herbe. » A peine du Rouvray eut-il sauté, que la barque se détacha des roseaux et se laissa reprendre au courant. « Oh! mon Dieu ! s'écria-t-il, je n'avais pas prévu cela. — Eh bien, dit la comédienne en penchant la tête, nous voilà dans une île déserte. Est-ce que nous ne jouons pas la comédie? »

Du Rouvray et mademoiselle Clairon suivirent des yeux la barque fugitive; une légère rafale la jeta bientôt contre le rivage, où elle fut retenue par les grandes herbes. Les deux amants, ne peut-on pas leur donner ce titre? firent plusieurs fois le tour de l'île avec la curiosité d'un navigateur qui a découvert un monde inconnu. Après quelques promenades à travers les ronces et les épines, que mademoiselle Clairon honora du nom ambitieux de forêt vierge, ils allèrent s'asseoir au bord de l'eau, à l'ombre d'un saule à demi déraciné. Dès qu'ils eurent pris possession de leur empire un peu sauvage, ils se confièrent en riant qu'une île déserte n'était bonne que pour des héros de roman qui n'ont jamais faim. Pour eux, ils n'avaient pas déjeuné. Du Rouvray prenait patience en baisant les mains et les cheveux de sa jolie compagne de voyage; mademoiselle Clairon, plus romanesque, s'abandonnait aux songes d'or. Elle cueillait des fleurettes à ses pieds et les effeuillait dans les flots comme si elle eût semé ses espérances. Tout à coup elle vit venir sur la rive un comédien de la troupe qui avait la fureur de la pêche. « Rhodilles! Rhodilles! » lui cria-t-elle en agitant la main. Le passionné pêcheur reconnut celle qui faisait la fortune de son théâtre. « Quelle idée! dit-il en riant. Est-ce que c'est là le chemin de la répétition? — La répétition? je l'avais oubliée! Savez-vous que nous sommes emprisonnés dans l'île, car nous n'avons pas l'esprit de marcher sur l'eau comme l'apôtre? Voyez-vous là-bas notre barque qui se repose? — Voulez-vous revenir sur la terre ferme? — Oui; nous ne savons pas encore vivre en sauvages ni en anachorètes. — Quoi! s'écria Rhodilles, Adam et Ève n'ont pas cueilli le fruit de l'arbre! »

Rhodilles était un franc comédien du bon temps, toujours pauvre, toujours joyeux, grand coureur d'aventures. Il ne manquait ni de figure ni d'entrain; le plus souvent mauvais plaisant et mauvais comédien, il avait quelquefois ses jours de bonne fortune. Il pensa qu'il y avait là une aventure.

En moins de cinq minutes, il aborda dans l'île. « Passez, belle Clairon, » dit-il en offrant sa main à la comédienne. Elle ne se fit pas prier. Dès qu'il la vit sur la barque, il salua profondément du Rouvray. « Eh bien, dit mademoiselle Clairon en se tournant vers le jeune homme, vous ne venez pas? »

C'était là une cruelle épigramme, car Rhodilles avait pris le large par un vigoureux coup de pied. La comédienne ne put s'empêcher de rire en voyant la mine étonnée de du Rouvray. Rhodilles emmena mademoiselle Clairon, malgré ses prières, pendant que le pauvre du Rouvray prenait une leçon de philosophie. La comédienne a borné son récit à ce moment pathétique; peut-être n'a-t-elle pas voulu avouer cette triste vérité : Rhodilles devint son amant avant du Rouvray.

III

A Rouen, mademoiselle Clairon eut son poëte

et son libelliste. C'était le même homme; il se nommait Gaillard. Comme elle l'a dit, il avait l'art de faire des vers et de souper en ville. Les appointements de la comédienne s'élevant à un millier d'écus, madame Clairon voulut se donner des airs de maîtresse de maison ; elle institua un souper chaque jeudi, où furent admis tous les riches admirateurs de sa fille. Gaillard y vint orner le gigot de madrigaux où Vénus et Vesta n'étaient que des aventurières en guenilles auprès de mademoiselle Hippolyte Clairon. Il ne se contenta pas de chanter la jolie comédienne, il l'aima. Après avoir soupiré durant six mois, il gagna une vieille duègne qui lui enseigna les détours du sérail. Un matin que mademoiselle Clairon étudiait dans son lit, « vêtue de ses cheveux, » il pénétra jusqu'à la porte de sa chambre en lui disant qu'il allait se jeter à ses genoux. La comédienne, indignée qu'on osât se prosterner devant elle à pareille heure, s'arma d'une belle colère et chassa le faiseur de madrigaux. Gaillard, indigné lui-même de se voir accueilli de la sorte par une comédienne déjà renommée pour ses frétillantes aventures, écrivit ce fameux livre sans verve, sans gaieté et sans style, qui a pour titre : *Histoire de mademoiselle Frétillon*. Gaillard fut cruellement vengé, car cet odieux libelle attrista les plus belles années de mademoiselle

Clairon. Elle fut vengée elle-même : Gaillard fut obligé de quitter son pays, tant la clameur publique s'éleva contre lui. Dans cette histoire de Frétillon, l'écrivain a saisi à peine quelques traits de la vie d'Hippolyte Clairon ; les aventures galantes y sont presque toutes imaginées. Il n'y a guère que les épisodes où du Rouvray est en scène qui aient un air de vérité. Gaillard, on ne sait pourquoi, sans doute pour que le masque fût plus transparent, donna à du Rouvray le nom du comédien Rhodilles. Ainsi, dans le libelle, les deux amants n'en font qu'un.

De Rouen, mademoiselle Clairon alla à Lille. Bientôt La Noue abandonna sa troupe pour venir débuter à la Comédie-Française. Mademoiselle Clairon s'engagea dans une autre troupe qui se formait pour le bon plaisir du roi d'Angleterre, établi à Gand pour les guerres de Flandres. Elle tourna toutes les têtes ennemies. Il faut dire à sa louange qu'elle refusa un mariage éclatant avec un des chefs de l'armée anglaise. Comme ce personnage avait dix mille hommes pour se faire obéir, il voulut forcer la comédienne à devenir une des plus glorieuses ladys du comté de Glocester. « Milord, lui dit-elle avec une dignité théâtrale, je ne m'appartiens pas ; j'appartiens à mon pays. Je veux bien être aimée dans un palais, mais je veux toujours être aimée sur le théâtre. » Milord fit garder mademoiselle Clairon à vue, espérant la décider bientôt ; mais mademoiselle Clairon se fit enlever par un aide de camp du général.

Il faudrait savoir écrire dix volumes sans reprendre haleine pour raconter toutes les aventures sentimentales et galantes de mademoiselle Clairon. Jusqu'à sa dix-huitième année, on peut la suivre sans trop s'essouffler. Jusque-là elle verdoie et fleurit comme toutes les femmes. Les premières passions, toutes profanes et toutes coupables qu'elles sont, ont je ne sais quel charme printanier qui enchante celui qui les étudie. Il y a tous les parfums et toutes les rosées de l'aube matinale dans les égarements d'un cœur de seize ans. Mais plus tard, le sentier si vert a été foulé ; on a cueilli une à une toutes les fraîches églantines ; l'oiseau s'en va chanter ailleurs ; on a terni la marguerite sous la poussière de son pied ; le vent d'orage a dispersé la neige éclatante des aubépines ; bientôt on ne compte plus les passants dans le chemin des amours, qui était un sentier perdu et qui devient une grande route sans chansons et sans ombrages. Après du Rouvray et Rhodilles, qui sont aimables par leur gaieté, par leur insouciance et par leur jeunesse, voilà que se dessinent les grands seigneurs : un chef d'armée, un marquis ruiné, un fermier général, un prince du sang; mais ceux-là ne sont pas jeunes, ceux-là ne se sauvent que par l'esprit et l'argent, quand ils en ont.

IV

A Dunkerque, où elle s'était arrêtée, mademoiselle Clairon reçut par le commandant de place un ordre de début pour l'Opéra. On avait beaucoup parlé de Frétillon; les gentilshommes de la chambre jugèrent qu'une fille aussi jolie revenait de droit aux Parisiens. Elle apparut à l'Opéra sous la figure de Vénus dans l'opéra d'*Hésione*. Quoique assez mauvaise musicienne, elle fut très-applaudie. On avait alors à l'Opéra l'esprit d'applaudir la beauté. La beauté, n'est-ce pas de la musique?

Mademoiselle Clairon ne fit, du reste, que passer à l'Opéra; elle débuta bientôt à la Comédie-Française dans le rôle de Phèdre. En province, elle n'avait guère joué que les soubrettes; on l'engagea à la Comédie-Française pour doubler mademoiselle Dangeville. Avant de signer son engagement, elle déclara, à la grande surprise des comédiens, qu'elle voulait jouer les grands rôles tragiques; ils consentirent, *à la condi-*

tion qu'elle chanterait et danserait dans les pièces d'agrément. Ils étaient tous convaincus que, sifflée dès le début, elle serait forcée de chanter et de danser toujours. Elle avait, par hasard, joué quatre ou cinq rôles tragiques en province; Sarrazin passant à Rouen, lui voyant représenter Ériphile, avait prédit qu'elle serait un jour la Melpomène du théâtre français. Elle voulut donner raison à Sarrazin. Avant le début, les comédiens s'amusèrent beaucoup des prétentions de la fière Hippolyte. Elle dédaigna de répéter son rôle au théâtre ; le jour de son début, elle vint, fière comme une reine antique, dire qu'elle n'attendait que le lever du rideau. Tout le Paris intelligent, paré et curieux, était à la Comédie-Française, se promettant de rire de Frétillon; mais à peine s'est-elle montrée sur la scène avec sa passion tendre, fatale et furieuse, que tous les spectateurs se lèvent avec enthousiasme. Ce n'était plus la charmante Frétillon qui jouait les soubrettes; ce n'était plus mademoiselle Clairon qui était petite et qui n'avait qu'une figure chiffonnée : c'était Phèdre elle-même dans toute sa splendeur souveraine, dans toute la majesté de la passion. « Comme elle est grande, comme elle est belle! » s'écriait-on de tous les points de la salle.

N'est-ce pas ici le lieu de reproduire ces

quelques lignes, détachées de ses réflexions sur l'art dramatique : « Dans Phèdre, pour tout ce qui tient aux remords, je m'étais prescrit une diction simple, des accents nobles et doux, et des larmes abondantes, une physionomie profondément douloureuse, et pour tout ce qui tient à l'amour, l'ivresse et le délire que peut offrir une somnambule conservant dans les bras du sommeil le souvenir du feu qui la consume en veillant; j'avais puisé cette idée dans ce vers :

Dieu! que ne suis-je assise à l'ombre des forêts! »

La Comédie-Française était alors si bien administrée, elle avait des protecteurs si intelligents, que les premiers sujets de la troupe trouvaient à peine de quoi vivre avec leurs appointements. « Nous étions pauvres, écrit mademoiselle Clairon, hors d'état d'attendre ce qui pouvait nous être dû. Les semainiers allaient toutes les semaines chez M. de Boulogne, alors contrôleur général, solliciter le payement de la pension du roi. » Mais alors personne ne payait, — le roi moins que les autres.

Ainsi mademoiselle Clairon, qui faisait la gloire du théâtre, ne devait qu'à sa beauté, et non à son talent, les robes des Indes et les diamants qu'elle portait. Comme elle aimait à changer de parures et d'amants, il lui arrivait quelquefois de n'avoir ni amants ni parures. Un jour, le maréchal de Richelieu passe chez elle pour la prier à une de ses fêtes : elle refuse. « Pourquoi? — Je n'ai pas de robe! » Richelieu éclata de rire. « Non, pas une seule robe! le peu de recette que nous faisons m'a forcée de vendre ce que j'avais de précieux; ce qui me reste est en gage, je ne puis me montrer que sur le théâtre. »

Comme tous les vrais talents, mademoiselle Clairon avait d'ailleurs plus d'un ennemi qui niait son pouvoir sur le public; Fréron déclarait que son organe bruyant assourdissait les oreilles sans émouvoir le cœur. Grimm, venu en France au plus beau temps du triomphe de cette comédienne, parlait des glapissements de sa voix. « Glapissements si vous voulez, lui disait Diderot; mais ces glapissements-là sont devenus les accents de la passion. »

Ce fut vers ce temps-là que mademoiselle Clairon loua dans la rue des Marais, moyennant douze cents livres, la petite maison de Racine. « On me dit que Racine y avait demeuré quarante ans avec toute sa famille; que c'était là qu'il avait composé ses immortels ouvrages, là qu'il était mort; qu'ensuite la touchante Lecouvreur l'avait habitée, ornée, et y était morte aussi; les murs seuls de cette maison doivent suffire, me disais-je, à me faire sentir la sublimité du poëte et à me faire arriver au talent de l'actrice. C'est dans ce sanctuaire que je dois vivre et mourir. » Tous les poëtes du temps visitèrent mademoiselle Clairon dans ce sanctuaire, qui fut un peu profané. Le dîner de famille que le poëte de *Phèdre* préférait au dîner royal, fut remplacé par le petit souper licencieux; les folles chansons retentirent dans ces lieux consacrés par le génie, où Racine laissait tomber ses alexandrins comme d'une harpe d'or.

V

Cependant mademoiselle Clairon était devenue l'héroïne de la Comédie-Française. Elle avait, sinon éclipsé, du moins mis un peu à l'ombre mademoiselle Dumesnil, mademoiselle Gaussin et mademoiselle Dangeville. Elle garda sa royauté jusqu'en 1762. C'était alors un beau temps pour la Comédie : outre ces quatre actrices célèbres, on pouvait citer des talents comme Molé, Grandval, Bellecour, Lekain, Préville, Brizard. Mademoiselle Clairon, par ses grands airs solennels, dominait cette brillante république, qui était une république de rois. D'autres avaient plus de talent ou plus de beauté; mais mademoiselle Clairon avait la renommée.

Elle régna quinze ans.

En 1762, quoiqu'elle touchât à son déclin, on parlait encore d'elle comme d'une merveille théâtrale. Je reproduis ces lignes de Bachaumont, écrites le 30 janvier : « Mademoiselle Clairon est toujours l'héroïne; elle n'est point annoncée, qu'il n'y ait chambrée complète. Dès qu'elle paraît, elle est applaudie à tout rompre. C'est l'ouvrage le plus fini de l'art. Elle a une grande noblesse dans ses coups de tête; c'est Melpomène arrangée par Phidias. » Le même gazetier passe ensuite toute la Comédie en revue avec une exquise délicatesse; ainsi, pour en avoir une idée, voyez cette note à l'article de mademoiselle Dumesnil : « Cette comédienne boit comme un cocher : son laquais, lorsqu'elle joue, est toujours dans la coulisse, la bouteille à la main, pour l'abreuver. »

Au lieu d'un cocher et d'une bouteille de vin, mademoiselle Clairon avait dans la coulisse toute une cour de marquis folâtres, d'abbés licencieux, de poëtes gazouilleurs. Marmontel, un soir, la trouva sublime. Ils allèrent souper au cabaret. Marmontel était alors un jeune écolier rimant des tragédies, qu'on daignait jouer et applaudir par respect pour Voltaire, qui lui avait délivré un certificat de génie. Il soupait à côté de la tragédienne illustre, songeant bien davantage à lui créer un rôle qu'à lui parler d'amour. « Qu'avez-vous? vous êtes triste, lui dit tout à coup Clairon. J'espère que vous ne me faites pas l'injure de composer une tragédie pendant notre souper? » Marmontel eut l'esprit de répondre qu'il était triste, parce qu'il était amoureux. « Enfant! voilà comment vous recevez les bienfaits de la Providence! — Oui, parce que je vous aime! — Eh bien, tombez à genoux, je vous relèverai, et nous nous aimerons tant qu'il plaira à Dieu. »

Marmontel raconte avec complaisance tous les détails de ses folies avec mademoiselle Clairon dans ce livre naïf intitulé : *Mémoires d'un père pour servir à l'instruction de ses enfants.*

S'imaginant, comme tous ceux qui sont jeunes, qu'il aimerait éternellement, il alla, en poëte qu'il était, habiter une mansarde dans la maison de mademoiselle Clairon. Un amant clairvoyant a toujours tort d'habiter sous le même toit que sa maîtresse. A peine Marmontel était-il installé, que mademoiselle Clairon s'en laissa conter par un autre adorateur, le bailli de Fleury. « Cruelle! dit le poëte, vous m'avez blessé au cœur! — Ce n'est rien, dit mademoiselle Clairon; il y avait si longtemps que ce galant homme soupirait! Vous serez mon amant en vers; il sera mon amant en prose. » Marmontel prétendit qu'il écrivait en prose comme en vers : il ne voulut point partager.

Le marquis de Ximenès fut aussi un des adorateurs de l'illustre comédienne. Ils s'aimèrent comme des bergers d'Arcadie ; un mot les brouilla. Le marquis renvoya à mademoiselle Clairon le portrait de mademoiselle Clairon avec cette légende : « Ce pastel est comme la beauté humaine ; il passe au soleil. N'oubliez pas que depuis longtemps le soleil s'est levé sur vous. »

Mademoiselle Clairon n'était pas seulement alors célèbre en France : tous les théâtres étrangers l'appelaient par la voix des rois ou des reines. Garrick vint tout exprès à Paris pour la voir jouer la fière Émilie. Il fit graver un dessin qui représentait mademoiselle Clairon avec tous les attributs de la tragédie, appuyée du bras sur une pile de livres où on lisait : Corneille, Racine, Crébillon, Voltaire. Melpomène était à côté, qui la couronnait. Au bas du dessin étaient écrits ces quatre vers de Garrick :

J'ai prédit que Clairon illustrerait la scène,
  Et mon espoir n'a point été déçu ;
  Longtemps Clairon couronna Melpomène :
Melpomène lui rend ce qu'elle en a reçu.

Ces méchants vers, trois fois parodiés, firent le tour du monde : les enthousiastes de mademoiselle Clairon ne se contentèrent pas de cet hommage de souverain à souveraine, ils instituèrent l'ordre du médaillon; ils firent frapper des médailles représentant ce portrait, et s'en décorèrent avec autant de fierté que s'ils eussent porté le grand cordon.

La comédienne était arrivée au plus haut point de son éclat. Elle gouvernait la comédie et le monde galant; elle osait dire de madame de Pompadour : « Elle doit sa royauté au hasard; je dois la mienne à mon génie. » En vain des ennemis sans nombre voulaient s'opposer à son triomphe, devenu presque ridicule; elle n'avait qu'à paraître pour déjouer toutes les cabales. Dans le monde, ceux qui voulaient se moquer d'elle ne pouvaient s'empêcher, écrivait Diderot, d'admirer son éloquence majestueuse. Elle avait dans sa gloire l'insolence d'un conquérant. Un jour qu'elle jouait à la Comédie-Française à une représentation donnée au peuple par ordre du roi, elle vint entre les deux pièces et jeta à pleines mains de l'argent dans le parterre. Ce bon peuple de Paris ne comprit rien à cette forfanterie et cria avec enthousiasme : *Vive le roi! Vive mademoiselle Clairon!* Elle avait bravé madame de Pompadour, elle osa braver le roi lui-même, s'imaginant que le public se révolterait plutôt que de la perdre. Elle ne s'étonnait pas de vivre dans le grand monde, de recevoir à sa table mesdames de Chabrillant, d'Aiguillon, de Villeroy, de la Vallière, de Forcalquier ; elle était très-recherchée chez madame du Deffant et chez madame Geoffrin, où l'on daignait recueillir ses mots. La célèbre princesse russe, madame de Galitzin, émerveillée du talent de mademoiselle Clairon, voulait lui laisser un royal souvenir de son admiration. « Que voulez-vous, Clairon ? lui demanda-t-elle un soir en soupant. — Mon portrait peint par Vanloo. » Le peintre, flatté de cette parole, voulut que ce portrait fût digne de madame de Galitzin, de mademoiselle Clairon et de lui-même. Il peignit la comédienne en Médée, tenant d'une main un flambeau et de l'autre un poignard encore teint du sang de ses enfants, insultant à la douleur de Jason et bravant sa colère. Louis XV voulut voir ce tableau. S'il faut en croire un journal, il vint tout exprès un matin à l'atelier de Carle Vanloo. Il flatta beaucoup le peintre et la comédienne. « Vous êtes heureux, dit-il à Carle Vanloo, d'avoir eu à faire un pareil portrait. » Se tournant vers mademoiselle Clairon : « Vous êtes heureuse, mademoiselle, d'avoir eu, pour immortaliser vos traits, un peintre dont la palette est si riche. Je serais heureux moi-même d'être pour quelque chose dans cette œuvre. Il n'est que moi qui puisse mettre un cadre à ce tableau. J'ordonne qu'on le fasse le plus beau possible. En outre, je veux que le portrait soit gravé. » Le cadre coûta cinq mille livres, la gravure coûta le double.

Mais après avoir fait l'histoire de la grandeur de mademoiselle Clairon, il faut bien faire l'histoire de sa décadence.

VI

Elle comptait parmi ses ennemis La Harpe et Fréron : La Harpe, parce que, en femme d'esprit et de goût, elle n'avait jamais voulu jouer dans ses tragédies; Fréron, parce qu'elle lui avait préféré Voltaire. La Harpe se vengea en parlant, Fréron en écrivant. Mademoiselle Doligny commençait à briller à la Comédie-Française; Fréron la protégeait ; il jugea le moment favorable de faire son portrait en regard de celui de mademoiselle Clairon. La première, selon le journaliste, était un modèle de grâce et de sentiment : la seconde était une fille perdue, sans cœur, sans âme et sans esprit. Dans le journal de Fréron, l'illustre tragédienne n'était point nommée; elle eut le grand tort de se reconnaître. Saisie d'une indignation et d'une fureur sans égales, elle courut chez les gentilshommes de la chambre et les menaça de se retirer du théâtre si on ne lui faisait pas justice de cet horrible Fréron. Voilà tout Paris qui s'émeut; le roi assemble le conseil des ministres; on signe l'ordre d'emprisonner Fréron. Les exempts de police viennent pour le saisir. Comment s'opposer à la force? Fréron imagine une attaque de goutte; il pousse des cris de possédé et déclare qu'il ne peut faire un mouvement sans souffrir mille morts. Ceci se passait le 14 février 1775; on lit dans le journal du 16 : « Le démêlé de Fréron avec mademoiselle Clairon, autrement dit le folliculaire Aliboron et la reine Cléopâtre, fait grand bruit à la cour et à la ville. M. l'abbé de Voisenon ayant écrit, à la sollicitation des amis de ce premier, une lettre très-pathétique à M. le duc de Duras, gentilhomme de la chambre, celui-ci a répondu à l'abbé, qu'il aime beaucoup, que c'était la seule chose qu'il croyait devoir lui refuser; que cette grâce ne s'accorderait qu'à mademoiselle Clairon seule. » Le beau temps, en vérité, que celui où un journaliste, digne de respect à plus d'un titre, était menacé d'aller au For-l'Évêque, ou, ce qui était une humiliation bien plus grande, de devoir son pardon à la comédienne qu'il avait offensée. Fréron s'écria, comme le philosophe grec : *Aux carrières plutôt!* Ce débat n'alla pas seulement au tribunal du roi de France, il fut porté aux pieds de la reine. La reine, qui aimait à pardonner, ordonna qu'on fît grâce à Fréron; mais mademoiselle Clairon ne s'en tint pas au jugement de la reine; elle déclara aux gentilshommes de la chambre que, si Fréron n'était pas puni, elle persistait à se retirer du théâtre. Tous ses amis se mirent en campagne; elle-même alla chez le ministre : le duc de Choiseul vint galamment à sa rencontre. « Justice! » dit-elle avec son accent théâtral. Le duc de Choiseul s'amusa un peu à la persifler. « Mademoiselle, nous jouons tous deux sur un grand théâtre; mais il y a cette différence entre nous, que vous choisissez vos rôles et qu'il vous suffit de vous montrer pour être applaudie; moi, au contraire, je ne suis pas le maître de choisir les miens, et, dès que je me montre, je suis sifflé; j'ai beau faire de mon mieux, on me critique, on me condamne, on me hue, on me bafoue; cependant je reste, et, si vous m'en croyez, vous en ferez autant. Immolons, vous et moi, nos ressentiments à la patrie, et servons-la de notre mieux chacun dans notre genre. D'ailleurs, la reine ayant fait grâce, vous pouvez, sans compromettre votre dignité, imiter la clémence de Sa Majesté. »

Bachaumont écrit ceci le 21 février : « La reine de théâtre a tenu un comité avec ses amis, présidé par M. le duc de Duras, et l'on est convenu que celui-ci ferait craindre à M. de Saint-Florentin la désertion de toute la troupe, si on ne faisait pas raison à la Melpomène moderne de l'insolence de Fréron. Cette démarche a fort étourdi M. de Saint-Florentin, et ce ministre a écrit à la reine que l'affaire devient d'une si grande importance, que, depuis longtemps, matière aussi grave n'a été agitée à la cour; qu'elle en est divisée, et que, malgré son profond respect pour les ordres de la reine, il ne sait s'il ne sera pas obligé de prendre là-dessus ceux du roi. » On le voit, c'était la politique du temps. Fréron fut sauvé de la prison par la goutte qu'il n'avait pas, par la clémence de la reine, mais surtout parce que mademoiselle Clairon alla elle-même au For-l'Évêque.

On sait cette bruyante histoire des comédiens ordinaires du roi qui refusèrent de jouer à l'heure même de la représentation, parce que le roi leur avait adjoint un camarade qu'ils jugeaient indigne de leur théâtre. Ce fut encore mademoiselle Clairon qui conduisit la révolte; mais son étoile pâlissait au ciel du théâtre; sa couronne de roses n'allait plus montrer que des épines. Ainsi le parterre, exaspéré de n'avoir point de spectacle ce jour-là, cria tout d'une voix : *La Clairon à l'hôpital!* C'en était fait d'elle! Le parterre,pour les comédiens, c'est la garde prétorienne. Ce grave événement se passait le 15 avril 1775. « Fermentation étonnante dans Paris. — Grand comité de gentilshommes tenu chez M. de Sartine; le résultat est d'envoyer les coupables au For-l'Évêque. — Mademoiselle Clairon reçoit des visites de la cour et de la ville. » Le même jour cependant elle allait au For-l'Évêque *avant ce coquin de Fréron!* disait-elle à l'intendant de Paris. Le lendemain, Sophie Arnould racontait à peu près ainsi cet emprisonnement : « Frétillon continuait à recevoir des visites en équipages. Tout à coup un nouveau visiteur paraît, sans se faire annoncer, chez la reine Cléopâtre : c'était un exempt de police; il lui ordonna sans façon de le suivre au For-l'Évêque par ordre du roi. — Je suis soumise aux ordres du roi, a-t-elle dit avec sa noblesse habituelle; mes biens, ma personne, ma vie en dépendent, mais mon honneur restera intact, car le roi lui-même n'y peut rien. — Vous avez bien raison, mademoiselle, a répliqué l'alguazil : où il n'y a rien, le roi perd ses droits. » Il est bien entendu que le mot était de Sophie Arnould.

Au For-l'Évêque, mademoiselle Clairon trouva un appartement et non une cellule. Ses amies, la duchesse de Villeroy, madame de Sauvigny, la duchesse de Duras, meublèrent cet appartement avec une grande magnificence. « Mademoiselle Clairon convertit en triomphe une disgrâce qui devrait l'humilier. Au For-l'Évêque, c'est une affluence prodigieuse de carrosses : elle y donne des soupers divins ; en un mot, elle y tient l'état le plus fastueux. « Cette manière d'emprisonner les comédiennes n'était pas bien cruelle. Elles avaient, on peut le dire, maison ouverte; elles recevaient leurs amants et soupaient du soir au matin. Et puis il se rencontrait au bout de quelques jours un médecin qui déclarait sérieusement que leur vie était en danger; aussi, après deux jours de fêtes, mademoiselle Clairon fut autorisée, grâce à la déclaration du médecin du For-l'Évêque, à retourner chez elle.

On la pria de la part du roi et des gentilshommes de la chambre de reparaître au théâtre ; mais elle avait toujours sur le cœur ce mot terrible : *La Clairon à l'hôpital !* « Ce n'est pas, dit-elle, le roi qui doit me redemander à un théâtre où il ne va pas ; c'est le public, j'attends l'ordre du public. » Mais le public avait eu le temps ou plutôt le caprice de choisir une autre reine à la comédie; il en avait même choisi deux : mademoiselle Dubois et mademoiselle Raucourt, reines d'un jour, il est vrai, mais assez reines cependant pour détrôner l'ancienne. Mademoiselle Clairon, craignant l'oubli comme la mort, ne voulant plus reparaître devant un public qui ne l'avait adorée que vingt ans, fit un jour atteler son carrosse et partit. Où allait-elle? « Je suis malade, je vais consulter Tronchin. » Voilà ce qu'elle disait; mais la vérité, c'est qu'elle allait voir Voltaire, Voltaire, le vrai médecin d'une gloire malade. Pauvre reine déchue, voilà les beaux vers qu'elle inspire au grand poëte : *Nous sommes privés de Vanloo...* Un couplet! et sur l'air d'*Annette à l'âge de quinze ans!*

Elle revint à Paris dans l'hiver. Elle trouva l'hiver partout, dans sa maison déserte, chez ses amies oublieuses, chez ses adorateurs dispersés. Elle reprit cependant sa vie dorée; mais le grain de tristesse semé dans son cœur avait germé. Elle avait beau souper encore en belle compagnie, écouter les serments de M. de Valbelles, garnir son carrosse de strass pour lutter d'éclat avec mademoiselle Guimard; elle souffrait profondément, car elle avait perdu en même temps sa gloire et sa jeunesse; elle devait vivre désormais sur deux tombes.

VII

Elle jouait encore la comédie, tantôt chez

madame du Deffant, tantôt chez mademoiselle Guimard, tantôt chez elle. Mais les grands seigneurs, les poëtes, les artistes, l'applaudissaient sans lui faire battre le cœur. Ce n'était plus là le vrai public. Un jour elle imagina, pour faire un peu de bruit, de jouer une comédie d'un nouveau genre. Ce fut l'*Apothéose de Voltaire*. On sait comment se passa cette comédie. On soupait chez mademoiselle Clairon; entre la poire et le vin de Champagne, une musique solennelle se fait entendre : on écoute avec surprise. Tout à coup un rideau se détourne, et Clairon apparaît, vêtue en prêtresse, couronnant un buste de Voltaire.

Ce fut vers ce temps-là que mademoiselle Clairon se passionna pour l'histoire naturelle. Elle fit bâtir un herbier et étudia avec Buffon. Elle allait en pleine campagne, herborisant avec délices, trouvant dans la bonne nature une amie toujours consolante, se rappelant que les moments de sa vie les plus chers à son cœur, elle les avait goûtés dans une prairie avec du Rouvray.

Elle n'était pas encore tout à fait délaissée : Marmontel lui était revenu; mais elle disait gaiement : « Que voulez-vous qu'on fasse de Marmontel? » Elle avait, en outre, M. de Valbelles, sans compter un gentil adolescent qu'elle destinait à la scène, le jeune Larive, qui devint célèbre au théâtre, et qui, sur la fin de ses jours, mourut de chagrin de n'être plus maire du village de Saint-Prix, où il s'était retiré. Mademoiselle Clairon disait de lui : « C'est une statue ! — Prenez garde, ô Pygmalion ! » lui dit gaiement Diderot. En effet, Larive s'enfuit un jour sans dire où il allait. De là des chansons de ces bons Parisiens, qui chantaient tant alors. On comparait mademoiselle Clairon à Calypso. Pour comble de malheur, M. de Valbelles vint un soir lui demander d'un air distrait la permission de se marier avec une jeune fille de haut rang. Elle refusa tout net ; mais elle comprit que M. de Valbelles, jeune encore, ne lui demanderait pas toujours la permission : elle devait perdre l'homme après avoir perdu le cœur. Elle écrit dans la troisième époque de sa vie : « M. de Valbelles fut ingrat : je perdis tout. Dans ce même temps, les opérations de l'abbé Terrai m'ôtèrent le tiers de mon bien : la crainte de m'endetter (ô Clairon ! où es-tu ?) me força de renoncer au luxe de la dépense. Alors tous mes amis s'éloignèrent sans retour de ma maison. Le déchirement de mon cœur et mon affreuse solitude me donnèrent l'idée de me retirer dans un couvent. » Elle vendit ses meubles, ses tableaux, son herbier, ses diamants. Elle allait vendre son portrait, peint par Vanloo : on lui en offrit mille louis. Un amant lui témoigna le désir de l'avoir. Comme elle était toujours magnifique, elle refusa les mille louis et donna le portrait. L'amant, c'était le margrave d'Anspach, accrocha le portrait dans un cabinet où il n'allait jamais.

Elle-même suivit bientôt son portrait chez le margrave d'Anspach, qui lui avait offert son cœur et son palais. C'était un petit souverain taillé sur le modèle de Louis XV, laissant à ses maîtresses le soin de gouverner ses États. Bachaumont, 6 février 1773 : « Mademoiselle Clairon, ne pouvant vivre ici avec quatorze mille livres de revenu, se dispose à passer en Allemagne et à aller jouer la comédie chez un margrave. Les étrangers vont être à même de juger des talents vieillis de cette émérite de Cythère. » Pauvre Clairon ! voilà tout l'adieu de ces Parisiens qui t'ont adorée. Encore, s'ils allaient se souvenir de toi ! Mais tu n'es pas encore partie, qu'ils t'ont déjà oubliée. Ils ont bien le loisir de penser à toi, reine déchue ! A l'heure où tu pars, ils se font éclabousser par le carrosse à huit chevaux de mademoiselle Guimard ; ils se passionnent pour les beaux yeux de mademoiselle Raucourt ; ils se redisent le dernier mot de mademoiselle Arnould. J'ai beau feuilleter les gazettes, les almanachs et les lettres familières, pas un souvenir pour toi ! tu n'es plus là, donc tu n'es plus pour eux. Piron, qui vient d'être enterré, n'est pas plus mort que toi. Mademoiselle Raucourt surtout fit oublier mademoiselle Clairon. Le journal qui fait si sèchement ses adieux à l'une parle ainsi de l'autre : « L'actrice nouvelle fait fureur; sublime au théâtre, elle tient bien sa place en société. Elle a joué plusieurs fois à la cour, où elle plait de plus en plus, surtout au roi. Madame Dubarry la goûte beaucoup aussi et y prend un intérêt *assez vif pour l'avoir exhortée à être sage.* »

Mademoiselle Clairon ne joua point la comédie à la cour du margrave; elle y fut sérieusement ministre. « Le bonheur et la gloire du margrave étaient l'unique but de mes travaux et de mon ambition. J'ai fait tout le bien qu'on m'a permis de faire; je n'ai connu ni la vengeance ni la lâcheté. » Pendant dix-sept ans, elle gouverna d'une main ferme, avec l'ambition d'une Pompadour. Elle s'imagina longtemps qu'elle conseillait un César ou un Titus; mais un jour le voile tombe, et elle s'écrie : « Juste ciel! êtes-vous l'homme dont j'ai tant prôné les vertus, vous qui m'avez assassinée à coups d'épingles? Je remets à vos pieds le bien que je tiens de vous; vous n'êtes plus mon souverain; adieu pour jamais! » Je trouve, pour mon compte, que le margrave avait eu bien de la patience de garder mademoiselle Clairon pour premier ministre près de dix-sept ans, après l'avoir prise âgée d'un demi-siècle.

Elle revint à Paris chercher un autre souverain; on était en 1790 : il n'y avait plus de roi. Elle voulut se jeter, brisée et mourante, au fond d'un couvent : il n'y avait plus de Dieu. Elle chercha l'argent qu'elle avait laissé à Paris, placé sur bonne et valable hypothèque : il n'y avait plus ni argent ni hypothèque.

VIII

La comédienne illustre qui avait eu un carrosse à quatre chevaux, qui avait vu tout Paris à ses pieds, tomba dans la misère la plus profonde et la plus désolée. Elles finissent presque toujours ainsi, ces bohémiennes charmantes, qui n'ont d'éclat qu'au matin de la vie. La fortune n'est venue à elles que dans le riant cortége; dès que les amours s'en vont, la fortune monte sur sa roue. Mademoiselle Guimard, qui avait refusé la main d'un prince dans le beau temps où elle avait dans son hôtel une salle de spectacle et un jardin d'hiver, fut heureuse à la fin d'épouser un *professeur de grâces*, c'est-à-dire un maître de danse. Sophie Arnould, après avoir traversé toutes les splendeurs d'un luxe sans exemple,

alla, sans se plaindre, demander un asile et du pain à son perruquier. Mademoiselle Clairon, qui avait vécu comme une reine et comme une sultane, se trouvait, à soixante-cinq ans, réduite à raccommoder ses robes en lambeaux, elle qui n'avait jamais daigné tenir une aiguille ! réduite à faire son lit et à balayer sa chambre, elle qui avait vu à ses pieds tous les grands seigneurs d'une génération ! Insolente dans la fortune, elle eut assez de cœur pour être fière dans sa pauvreté. Quand un ancien ami allait la voir, elle parlait encore de ses hautes relations; au lieu de dire : « Je suis pauvre, » elle disait : « Je suis philosophe ; » elle donnait des ordres aux domestiques, qu'elle n'avait plus. Quand elle parlait à un vieil ami, elle avait une heure d'expansion; elle ouvrait son cœur et parlait de bonne foi. J'ai là deux lettres où je la reconnais rien qu'à la fierté de son écriture. Ces lettres, écrites à un adorateur du bon temps, sont cachetées à l'empreinte d'une pierre où son nom était entrelacé à celui du marquis de Tourves. Voici comment elle termine la seconde : « Vous me demandez quels sont mes maux. Tous ceux qu'on peut avouer sans honte, trente ans de travaux destructeurs, le poison qu'on a fait couler dans mes veines, les chagrins que causent l'envie et l'ingratitude, la misère la plus absolue, la terreur, l'horreur de l'abandon, l'ennui de la solitude, ne m'ont laissé d'entier que le cœur. Il est vraisemblable que je suis restée dans votre mémoire fraîche, brillante, entourée de tous mes prestiges. Changez, changez vos idées! Je vois à peine, j'entends mal. Je n'ai plus de dents; les rides sillonnent mon visage; une peau desséchée couvre à peine ma faible structure; en me venant voir, vous imiterez les anciens héros, qui descendaient aux enfers pour communiquer avec les âmes; vous ne trouverez près de moi ni de Cerbère ni d'Euménides; la sensibilité vous recevra, elle est toujours ma fidèle compagne. »

Plus d'enveloppe — plus de signature.

(On était sous la terreur.)

Un matin qu'elle balayait son unique chambre, en robe fanée et en bonnet de nuit, un étranger se présente. « Mademoiselle Clairon? — Elle n'y est pas, dit la comédienne. — Dites-lui que M. du Rouvray reviendra ce soir. » Mademoiselle Clairon laissa tomber son balai. « Du Rouvray! murmura-t-elle en voyant descendre le visiteur, si j'osais lui dire... Mais il reviendra. » Il ne revint pas : elle en remercia le ciel. Elle ne voulait pas que celui qui l'avait adorée quand elle avait seize ans vît la fraîche et séduisante Clairon métamorphosée en vieille fille de soixante et dix ans.

Peu à peu cependant elle retrouva quelques amies et quelques revenus. Une famille de la bourgeoisie la prit sous sa protection. Elle eut encore quelques rayons de soleil avant de mourir. Tout entière à la philosophie, elle écrivait beaucoup. Plus d'une de ses pages est digne d'être recueillie dans les œuvres des encyclopédistes.

Les comédiennes qui meurent dévotes ressemblent aux bateliers qui abordent au rivage en lui tournant le dos. La comédienne rame toute sa vie dans les écueils, aimant les orages et les tempêtes : près d'arriver au port, voyant sa nacelle qui fait eau de toutes parts, elle se retourne et tombe agenouillée sur le rivage. Après avoir traversé tous les passages dangereux, tous les amours infidèles, elle est heureuse de toucher la terre ferme, de reposer son cœur mille fois blessé au pied de cette croix divine où Madeleine a pleuré. Cette fois elle ne sera plus trahie, elle peut se confier à tous les entraînements de son amour. Elle a perdu sa figure, mais son cœur n'est-il pas toujours jeune? Pour aimer Dieu, lui a-t-on dit, il ne faut plus ni grâces, ni beauté, ni sourire : tout cela était bon pour les hommes; Dieu ne veut pas de ces périssables richesses. Dieu est tout âme; il ne s'unit qu'à notre âme. Mademoiselle Clairon avait une autre manière de penser : elle ne voulut pas mourir dévote, disant qu'elle n'osait offrir au Seigneur un cœur profané durant un demi-siècle par toutes les passions humaines. Comme un prêtre lui donnait Madeleine en exemple, elle répondit que Madeleine s'étant repentie dans la jeunesse, elle avait pu sacrifier au pied de la croix bien des jours de belle et folle passion. Elle persista à mourir en philosophe, aimant Dieu comme les philosophes, par l'esprit qui raisonne et non par le cœur qui tressaille.

Elle mourut le 11 pluviôse an XI, dans la paroise Saint-Thomas-d'Aquin.

Mademoiselle Clairon, sur la scène, était belle, noble, fière, digne comme le marbre antique; mais, comme le marbre antique, elle ne savait pas pleurer. Sa joie était calme et souriante ; sa douleur éclatait en colères furieuses ; elle ne faisait vibrer le plus souvent que quatre cordes : le dédain, l'indignation, l'orgueil, l'héroïsme. Elle savait bien mieux haïr qu'aimer; cependant, comme elle était femme, elle avait ses heures de passion ; mais l'art et l'étude l'ont plus servie que son cœur.

C'était la tragédie des païens, sans le péplum; la Melpomène des Grecs taillée dans le marbre par Coysevox.

SOPHIE ARNOULD.

Madame de Pompadour, le comte et la comtesse de Lauraguais, — le prince d'Hénin.

1743 — 1802.

Le dix-huitième siècle a vu danser en guirlande une folle cohue de belles filles presque toutes dignes par leur esprit de rappeler les courtisanes de la Grèce. Il s'est trouvé une Aspasie qui a donné des leçons de politique, sinon d'éloquence, à Louis XV, lequel n'était pas tout à fait Socrate ni Périclès; une Laïs, une Léontium, une Phryné, une Thaïs, une Thargélie, qui, sous les noms de Dubarry, de Guimard, de Laguerre, de Gaussin, de Sophie Arnould, enchantaient Versailles et Paris, la cour et le théâtre. Et comme dans l'ancienne Grèce Thaïs trouvait son Aristippe, Léontium son Épicure, — je ne parle pas des disciples, — Phryné son Praxitèle, Thargélie son Xercès; en France, hormis Marion Delorme ou Ninon de Lenclos, la Pompadour ou la Dubarry, toutes ces folles et belles créatures se sont formées sur le théâtre, le théâtre, l'*école des mœurs!*

Les esprits moroses condamnent du même coup, sans les entendre, toutes ces femmes si joyeuses et si tristes, « créatures perverses, indignes du souvenir des hommes; pécheresses sans repentir, mortes dans le péché. » Voilà ce qu'ils disent dans leur indignation, sans une larme de charité pour les sœurs perdues. Ils ont tort. Grâce à Dieu, l'autel de Bacchus est renversé, Cythère est noyée sous les larmes, le culte du sentiment l'emporte à jamais. La grappe rougit toujours sur la colline; mais plus que jamais l'âme bat des ailes dans les splendeurs des cieux. Cependant je ne puis me défendre d'une compassion toute religieuse pour quelques-unes de ces femmes que je rencontre souvent sur mon chemin, tout en cherchant l'histoire plus sérieuse du dix-huitième siècle. Comme, dans leur temps, elles ont pris beaucoup de place au soleil, l'histoire familière, celle qui se complaît aux lettres et aux arts, qui étudie sur la même page les idées et les folies, les figures et les passions, le vrai caractère, en un mot, doit un regard à ces figures trop dédaignées. L'historien de bonne foi doit oser aller partout. Rien de ce qui fleurit ou se fane sous le soleil n'est indigne de ses études; la muse est une vierge éternelle qui traverse le monde sans salir ses pieds blancs. Mais pourquoi faire des phrases à propos d'un simple portrait au pastel, avec un sourire sur les lèvres, un nuage sur le front, un bouquet de roses sur le corsage?

Sophie Arnould est née à Paris, en plein carnaval de 1740; elle est née en l'ancien hôtel Ponthieu, rue Béthisy, dans la chambre à coucher où fut assassiné l'amiral de Coligny et où mourut la belle duchesse de Montbazon. « Je suis venue au monde par une porte célèbre, » disait Sophie Arnould. Très-jeune encore, son esprit, au souvenir des amours de madame de Montbazon et de M. de Rancé, avait pris une certaine teinte romanesque.

Cet ancien hôtel de Ponthieu était devenu un hôtel garni sous la direction du père et de la mère de Sophie Arnould. Ces braves gens avaient cinq enfants; mais, grâce à leur bonne volonté et aux revenus de l'hôtel, ces enfants furent élevés avec une sollicitude pieuse et touchante.

Sophie Arnould eut des maîtres comme une fille de bonne maison : maître de musique, maître de danse, maître de chant. Elle annonça de bonne heure qu'elle chanterait à séduire tout le monde; jamais sirène antique vantée par les poëtes n'eut dans la voix plus de mélodie et de fraîcheur. Sa mère comprit que cette voix était un trésor. « Nous serons riches comme des princes, disait Sophie Arnould encore enfant; une bonne fée est venue à mon berceau, qui m'a douée de la magie de changer au son de ma voix toute chose en or et en diamants; d'autres transforment tout en serpents et en couleuvres; moi, je verserai des flots de perles, de rubis et de topazes. »

Sa mère la conduisit dans quelques communautés religieuses pour chanter les ténèbres. Un jour, au Val-de-Grâce, la princesse de Modène, qui y faisait sa retraite, ayant entendu la voix charmante de Sophie, lui ordonna de venir en son hôtel. La jeune fille avait déjà de la saillie, elle babillait avec la grâce d'un oiseau; elle acheva de séduire la duchesse, qui lui dit en lui donnant un collier : « Allez, allez, belle fille, vous chantez comme un ange, vous avez plus d'esprit qu'un ange : votre fortune est faite. »

Dès ce jour, le nom de Sophie Arnould courut par le monde; on parla de sa grâce, de ses beaux yeux, de ses reparties, mais surtout de sa voix enchanteresse. M. de Fondpertuis, intendant des menus plaisirs, vint un jour la prendre dans son carrosse pour la conduire chez madame de Pompadour. « Je vous défends de dire un mot, dit la noble courtisane; ne parlez pas, mais chantez. » Sophie chanta, sans se faire prier, des triolets de Philidor; jamais rossignol ne secoua tant de perles, jamais chant printanier ne traversa le bocage avec plus de fraîcheur : c'était la rosée qui brille au matin sous un rayon du soleil. Madame de Pompadour applaudit avec enthousiasme. « Jeune fille, vous ferez quelque jour une charmante princesse. » Madame Arnould, qui était présente, craignant que sa fille ne jouât un trop grand rôle ici-bas, répondit à la marquise : « Je ne sais, madame, comment vous l'entendez. Ma fille n'a point assez de fortune pour épouser un prince; d'un autre côté, elle est trop bien élevée pour devenir une princesse de théâtre. »

Cependant, dès ce jour, Sophie Arnould fut dans le chemin de l'Opéra. Pour ne pas effrayer la mère, on lui dit d'abord que sa fille n'était inscrite que pour la musique du roi; mais bientôt Francœur, surintendant de la musique du roi, sollicita Sophie d'entrer à l'Opéra, lui disant qu'elle se devait à la France comme au roi, que tous les cœurs du royaume battraient de plaisir à son chant divin. « Aller à l'Opéra, dit-elle, c'est aller au diable, mais enfin c'est ma destinée. » Nous sommes tous ainsi, nous mettons nos torts, quels qu'ils soient, sur le compte de la destinée. Madame Arnould voulut résister de tout son pouvoir maternel. « Ce n'est point à l'Opéra, c'est au couvent que vous irez, » dit-elle à Sophie en l'enfermant dans sa chambre. Heureusement pour le diable que le roi de France daignait alors se mêler des plaisirs du public; il signa l'ordre de conduire Sophie à l'Opéra par autorité de justice. La pauvre mère ne désespéra point encore de sauver cette vertu déjà si apprivoisée : elle veilla sur sa vie avec la plus grande sollicitude; elle l'accompagnait à l'Opéra jusque dans les coulisses; les roués de 1757 avaient beau papillonner autour de la chanteuse, ils n'obtenaient pour toute faveur qu'un regard foudroyant de la mère.

Sophie Arnould débuta à dix-sept ans. Voici comment un gazetier du temps raconte son apparition à l'Opéra : « C'est la comédienne la plus naturelle, la plus onctueuse, la plus charmante qu'on ait encore vue. Elle n'est pas belle, mais elle a tous les attraits de la beauté. Celle-là n'a pas été gâtée par les maîtres, elle est sortie telle qu'elle est des mains de la nature; aussi son début a été un triomphe. » Le gazetier se trompait, Sophie Arnould avait eu des maîtres;

elle en prit d'autres encore. Mademoiselle Fel lui enseigna l'art du chant, mademoiselle Clairon lui enseigna l'art de la comédie.

Quinze jours après son début, Sophie Arnould était adorée de tout Paris; quand elle devait paraître sur la scène, l'Opéra était envahi. « Je doute, disait Fréron, qu'on se donne tant de peine pour entrer au paradis. » Tous les gentilshommes du temps se disputaient la gloire de jeter à son passage, dans la coulisse, des bouquets à ses pieds. Elle passait avec nonchalance comme si elle eût déjà été habituée à ne marcher que sur des fleurs. Madame Arnould, qui était elle-même une femme d'esprit, disait à ces charmants importuns : « Ne jetez donc pas des épines sur son chemin. » Mais la mère eut beau faire, elle eut beau ouvrir de grands yeux, l'amour, qui ne voit goutte, se glissa entre elle et sa fille. Parmi les jeunes seigneurs qui s'obstinaient à folâtrer sur les pas de Sophie, le comte de Lauraguais était le plus amoureux; il voulut que la victoire fût à lui. Il tenta d'abord d'enlever la belle dans la coulisse; cette première tentative échoua. Comme il avait de l'esprit, et qu'il aimait les aventures, il imagina un moyen plus théâtral. Un soir qu'il soupait avec ses amis, il leur déclara qu'avant quinze jours madame Arnould ne conduirait plus sa fille à l'Opéra. Le lendemain, un jeune poëte de province débarqua sous le nom de Dorval à l'hôtel de Ponthieu. Ses bonnes façons et son air timide frappèrent madame Arnould ; il lui raconta, d'un grand air de naïveté, le but de son voyage ; il avait laissé en Normandie une mère « qui vous ressemble, madame, » et une sœur « qui ressemble à mademoiselle Sophie, » pour venir chercher fortune à Paris dans les lettres. « Pauvre enfant ! s'écria madame Arnould, que n'êtes-vous resté là-bas auprès de votre mère et de votre sœur ! — Ne désespérez pas encore, reprit Dorval, j'ai là une tragédie digne d'être jouée par Lekain et Clairon. Ah ! que de nuits j'ai passées avec délices autour de cette œuvre de mes vingt ans ! Il faut bien vous le dire, madame, ce n'était pas seulement la gloire qui me souriait, c'était aussi l'amour. » Tout en parlant ainsi, Dorval jetait un regard de serpent à Sophie, qui écoutait avec la curiosité du cœur. « Oui, madame, il y a dans mon pays une belle fille brune, maligne, enjouée, faite par l'amour et pour l'amour ; je l'aime à la folie. — C'est là une belle folie, murmura la chanteuse, séduite par l'air passionné du nouveau débarqué. — Une belle folie, dit la mère en prenant sa mine sévère ; ma fille, je ne vous conseille pas d'y tomber. Pour vous, monsieur, vous êtes bien à plaindre de venir chercher fortune à Paris en compagnie de la poésie et de l'amour : amoureux et poëte, c'est être ruiné deux fois. — Je ne suis pas de votre avis, dit Dorval en regardant Sophie avec passion ; n'ai-je pas tous les trésors du cœur sous la main ? — C'est assez déraisonner pour aujourd'hui, interrompit madame Arnould. Monsieur Dorval, d'ailleurs, est sans doute fatigué. Voici la clef de sa chambre. — Hélas ! pensa Sophie, qui aimait déjà à jouer sur les mots, il emporte la clef de mon cœur. »

L'amour est éternellement condamné à jouer la comédie, à rechercher les masques, les surprises, les mensonges. L'amour qui va droit devant soi, sur la grande route commune, n'arrive jamais, il meurt à moitié chemin ; mais l'amour qui va par les sentiers couverts ne manque jamais son coup : il surprend, et c'est fini. Les femmes cherchent autre chose que de l'amour dans le cœur des hommes, elles y cherchent de l'esprit. Elles tiennent toujours compte du roman qu'on prépare pour les vaincre ; car, pour elles, l'amour est un roman : plus il est embrouillé, plus il les séduit. Le comte de Lauraguais connaissait bien les femmes. Débarquer de Normandie en poëte naïf et spirituel, qui vient chercher la gloire à Paris pour en couronner sa maîtresse, n'était-ce pas débarquer en vrai don

Juan auprès d'une comédienne qui voulait d'abord donner son cœur? Il faut le dire à la louange de Sophie Arnould, elle ne remarqua pas le comte de Lauraguais dans les coulisses de l'Opéra, où il arrivait toujours avec le fracas d'un prince héréditaire; elle aima du premier coup Dorval, qui lui apparaissait dans le triste équipage d'un poëte de province.

La conquête fut rapide; au bout d'une semaine, le poëte Dorval enlevait Sophie de l'hôtel de Ponthieu. Jamais enlèvement ne fut plus doux et plus passionné : il la porta dans ses bras une demi-heure durant. Il avait donné rendez-vous à son laquais; mais cet homme s'était trompé de rue. Un demi-siècle après, devenu pair de France et duc de Brancas, le comte de Lauraguais racontait, avec tout le feu de la jeunesse, cet enlèvement romanesque : « C'était Psyché, j'étais Zéphyr; j'avais des ailes, les ailes de l'Amour. Pauvre tourterelle effarée! elle était si légère sur mon cœur, que je craignais de la voir s'envoler. Elle se mit à pleurer. « Que dira ma mère? — J'ai pour vous une belle rivière de diamants. — Ma pauvre mère! — J'ai aussi un collier de perles fines. — Qui la consolera? — A propos, j'oubliais de vous dire que j'ai loué pour vous un petit hôtel, un peu mieux garni que celui de Ponthieu. » A cet instant, le comte retrouva son carrosse; le reste va sans dire : voilà pourquoi je ne le dis pas.

Cet événement mit en émoi la cour et la ville; on plaignit à la fois madame de Lauraguais et Sophie Arnould. On sait que le comte de Lauraguais se moquait de l'opinion comme d'une belle fille en carnaval qui change tous les jours de déguisements. Sophie était déjà à la mode dans le monde des passions profanes. Sa renommée resplendit d'un vif éclat; on ne l'avait comparée qu'à Orphée, on la compara à Sapho et à Ninon. Comme elle avait de l'à-propos, une grande liberté d'esprit, des grâces folâtres dans le langage, il fut bientôt décidé qu'elle avait recueilli l'héritage de Fontenelle et de Piron; chacune de ses reparties passa de bouche en bouche depuis Versailles jusqu'à la Courtille. Elle fut célébrée par toute la pléiade des poëtes gazouilleurs du temps. Ce ne fut pas tout pour sa gloire : l'Encyclopédie se donna rendez-vous chez elle pour faire de la philosophie en toute liberté; il faut dire qu'on soupait chez Sophie Arnould mieux que partout ailleurs. Toute fière de ses succès du monde, elle n'oubliait pas l'Opéra, le vrai théâtre de sa gloire; elle chantait toujours d'une voix fraîche et mélodieuse; elle jouait, en outre, avec toute la grâce et tout le sentiment d'une grande comédienne. Garrick, dans son voyage à Paris, déclara que mademoiselle Arnould était la seule actrice de l'Opéra qui frappât ses yeux et son cœur.

Malgré toutes les remontrances de la cour, le comte de Lauraguais continuait à vivre avec elle sous le même toit. Madame de Lauraguais, qui était le modèle des femmes sacrifiées, vendait ses diamants pour que son mari fît honneur à sa maison; mais Dieu sait les diamants qu'il aurait fallu vendre pour soutenir longtemps le luxe de Sophie Arnould! Son hôtel était un palais, son salon un musée, sa toilette une féerie. Au milieu de cette vie si folle et si fastueuse, le croira-t-on? le comte de Lauraguais et mademoiselle Arnould s'aimaient toujours de l'amour le plus tendre.

Quatre années se passèrent ainsi, à la grande surprise des amis du comte et des amies de la chanteuse. Jamais pareil amour ne s'était allumé sur les planches de l'Opéra. Sophie Arnould, on le devine, s'ennuya la première; pendant une absence du comte, elle décida qu'il était temps de rompre. Elle ne voulut rien garder de lui; elle fit atteler le carrosse, y mit ses bijoux, ses dentelles, ses lettres, tout ce qui lui rappelait son bonheur avec lui : « Va, dit-elle à son laquais, conduis ce carrosse chez madame de Lauraguais; tout ce qui est dedans lui appartient. » Comme le laquais s'en allait, elle le rappela : « Attends, j'oubliais une chose importante. » Elle appela ses femmes : « Qu'on m'apporte les deux enfants du comte. — Ils sont bien à lui, » dit-elle en se promenant. On apporta les deux enfants, l'un encore au berceau, l'autre bégayant à peine. Elle les embrassa et leur dit adieu. « Tiens, La Prairie, porte ces enfants dans le carrosse, et mène-les avec tout le reste. » La Prairie obéit sans mot dire; alla tout droit à l'hôtel de Lauraguais, où la comtesse était seule. La pauvre femme accepta les enfants et renvoya les bijoux. On a souvent médit des femmes du dix-huitième siècle, ce trait ne doit-il pas en absoudre beaucoup? N'y a-t-il pas bien des femmes aujourd'hui qui garderaient les bijoux et renverraient les enfants ?

Là ne finit point l'amour des deux amants. Après quelques infidélités, ils en revinrent au même point. Le scandale avait été grand dans Paris, il fut plus grand encore à la nouvelle de ce raccommodement. Le comte fit plusieurs voyages; il est entendu que pendant ces absences Sophie Arnould laissa voyager son cœur. « Ah! cruelle, lui dit le comte au retour, vous avez voyagé plus loin que moi. — Pierre qui roule n'amasse pas de mousse, répondit-elle; mais, hélas! mon cour a amassé bien de l'ennui. Le prince d'Hénin me fera mourir avec ses bouquets, ses madrigaux et ses écus : c'est une vraie pluie d'amour. — Attendez, lui dit le comte, je vais vous délivrer d'un prince si ennuyeux. » Le même jour, — 11 février 1774, — il assembla quatre docteurs de la Faculté de Paris. « C'est une question importante, leur dit-il gravement; il faut savoir si l'on peut mourir d'ennui. » Après de mûres réflexions, les quatre docteurs se déclarèrent pour l'affirmative. Ils motivèrent leur jugement dans un long préambule; après quoi ils signèrent de la meilleure foi du monde. « Et le remède? » demanda le comte. Ils décidèrent qu'il fallait distraire le malade, changer son horizon et le délivrer des gens qui l'entouraient. Cette pièce en main, le comte s'en va droit chez un commissaire porter plainte contre le prince d'Hénin, sous prétexte qu'il obsédait mademoiselle Arnould au point de la faire mourir d'ennui. « Je requiers, en conséquence, qu'il soit » enjoint au prince de s'abstenir de toute visite » chez la chanteuse, jusqu'à ce qu'elle soit hors » de la maladie d'ennui dont elle est atteinte, » maladie qui la tuerait, selon la décision de la » Faculté, ce qui serait un malheur public et un » malheur privé. » On devine que cette plaisanterie se termina par un duel. Le prince et le comte se battirent si bien — ou si mal — que, le soir même du duel, ils se rencontrèrent ensemble chez Sophie Arnould.

Peu de temps avant la Révolution, elle quitta le théâtre, les passions de l'Opéra et les passions du monde, pour se retirer à la campagne. Elle imita Voltaire, Choiseul, Boufflers; elle se passionna pour l'agriculture comme la reine Marie-Antoinette; elle eut des vaches et des moutons; elle fit du beurre et du fromage; elle fana son foin et cueillit ses pois.

En pleine Révolution, elle vendit sa petite terre pour acheter à Luzarches la maison des pénitents du tiers ordre de Saint-François. Comme elle avait toujours de l'esprit, elle fit graver cette inscription sur la porte : *Ite, missa est.* Elle s'occupa de sa mort et de son salut. Cette femme, qui avait, comme Madeleine, jeté son cœur à tous les vents printaniers, profané son âme dans toutes les folles amours, se prépara à la mort avec une certaine volupté claustrale. Au bout du parc, dans le couvent en ruine, elle disposa son tombeau et fit inscrire sur la pierre ce verset de l'Écriture :

Multa remittuntur ei peccata, quia dilexit multum.

Le croirait-on? les sans-culottes de Luzarches vinrent la troubler dans sa retraite, la prenant pour une religieuse et pour une ci-devant. Ils firent un matin une visite domiciliaire dans la maison des pénitents. « Mes amis, leur dit-elle, je suis née femme libre, j'ai toujours été une citoyenne très-active, et je connais par cœur les droits de l'homme. » Les sans-culottes ne voulaient pas la croire sur parole; ils allaient la mener en prison, lorsqu'un d'eux aperçut sur une console un buste de marbre : c'était Sophie Arnould dans le rôle d'Iphigénie. Cet homme, trompé sans doute par l'écharpe de la prêtresse, s'imagina que c'était le buste de Marat : « C'est une bonne citoyenne, » dit-il en saluant le marbre.

Il restait alors à Sophie Arnould trente mille livres de rente et des amis sans nombre. En moins de deux ans, elle perdit sa fortune et ses amis. Elle revint à Paris avec quelques débris sauvés du naufrage; un mauvais avocat, qui gouvernait son bien, acheva de la ruiner. Elle tomba donc dans une misère absolue et dans une solitude profonde. Elle alla vainement frapper à la porte de tous ceux qui l'avaient aimée; elle frappa à bien des portes, mais c'était frapper sur la pierre des tombeaux; ceux qui l'avaient aimée n'étaient plus là. La prison, l'exil, l'échafaud, les avaient dispersés pour jamais. Elle fut réduite à aller demander assistance chez un perruquier qui l'avait coiffée en ses beaux jours. Cet homme demeurait dans la rue du Petit-Lion. Il lui donna asile, mais dans un triste réduit sans lumière et sans cheminée, où la pauvre femme grelottait et s'éteignait. Elle payait cher les grandeurs passées; certes, Madeleine ne traversa pas une pénitence si austère. Cependant elle chantait encore. « On a entendu, dit un journal, mêlée aux concerts mystiques des obscurs théophilanthropes, cette voix qui tonnait dans *Armide* et qui soupirait dans *Psyché*; on a gémi en pensant à l'incertitude des événements et aux mystères de la fatalité. »

Un jour qu'elle était, comme de coutume, seule dans sa chambre, grelottant sans se plaindre, ne désespérant pas de son étoile, rebâtissant pour la millième fois le château écroulé des fêtes de sa vie, le perruquier entra chez elle. « Eh bien ! lui dit-elle avec humeur, est-ce qu'on entre ainsi sans se faire annoncer? — Il est bien l'heure de plaisanter! dit le perruquier d'un air fâcheux : savez-vous ce qui m'arrive? Décidément on prend ma perruque pour une enseigne d'auberge; le comte de T... est descendu chez moi. — Le pauvre homme! s'écria Sophie Arnould. — Il arrive incognito d'Allemagne sans un sou vaillant. Dieu merci! si tous les gens que j'ai coiffés viennent me demander un gîte et du pain, me voilà bien loti. »

Sophie Arnould descendit dans la boutique.

« C'est toi! s'écria le comte de T... en se jetant à son cou. — En vérité, dit-elle, il me semble que je lis un roman. L'exil est donc bien dur, que vous vous résigniez à venir dans cette ville toute sanglante où vous n'avez plus d'amis! Croyez-moi, vous allez être plus exilé à Paris que chez le roi de Prusse. — Qu'importe? dit le comte de T..., n'ai-je pas trouvé un cœur qui se souvient de moi? » Ils s'embrassèrent encore et jurèrent de ne pas se séparer. Le perruquier logea son nouvel hôte dans un galetas du cinquième étage. Dès que le jour était venu, Sophie Arnould montait chez lui avec une tasse de café à la main; ils partageaient fraternellement; après quoi ils devisaient du temps passé, pour oublier un peu les angoisses du présent. A l'heure du dîner, le perruquier les priait de descendre dans l'arrière-boutique, où l'on dînait tant bien que mal à la même table. « Je n'ai qu'une table et qu'une soupière, disait ce brave homme, sans quoi je ne prendrais pas la liberté de dîner avec vous; mais, ajoutait-il avec un certain air malin, autres temps, autres mœurs. »

Il y aurait un curieux chapitre à faire sur cet intérieur de perruquier hébergeant des hôtes illustres. Il y aurait à recueillir plus d'un mot spirituel, plus d'une pensée philosophique, plus d'un tableau profondément humain. Il est bien regrettable que Sophie Arnould, qui écrivait des lettres charmantes, n'ait pas raconté en détail son séjour dans la rue du Petit-Lion. On ne sait ce que devint le comte de T..., je n'ai même pu découvrir son vrai nom. Les mémoires disent qu'il avait été dans sa jeunesse « un des plus jolis grappilleurs des espaliers de l'Opéra. »

Sophie Arnould retrouva son étoile avant de mourir. Fouché l'avait aimée; devenu ministre en 1798, il reçut un matin en audience extraordinaire une femme qui disait avoir de précieuses confidences à lui faire touchant la sûreté de l'État. Il reconnut Sophie Arnould; il écouta son histoire avec émotion et décida, séance tenante, qu'une femme qui avait enchanté par sa voix et par ses yeux tous les cœurs pendant plus de vingt ans avait droit à une récompense nationale; en conséquence, il signa le brevet d'une pension de vingt-quatre mille livres, et ordonna qu'un appartement lui fût donné à l'hôtel d'Angevilliers. Sophie Arnould, qui, la veille, n'avait plus un seul ami, en vit venir un grand nombre à son hôtel. Tous les poëtes du temps, qui étaient de mauvais poëtes, tous les comédiens, tous les habitués du Caveau, se réunirent chez elle comme dans un autre hôtel Rambouillet. Seulement, au lieu des préciosités du beau langage, on y répandait à pleins verres la gaieté gauloise.

On pourrait, à l'exemple des biographies, citer quelques bons mots de Sophie Arnould ; mais cet esprit n'a pas cours aujourd'hui parmi les honnêtes gens : c'est de l'esprit entre deux vins et entre deux amours. Parmi les mots qu'on peut citer à la gloire de cet esprit si gai, si franc et si original, n'oublions pas celui-ci : mademoiselle Guimard avait écrit à Sophie Arnould une lettre d'injures où celle-ci était accusée d'avoir commis sept fois par jour les sept péchés capitaux; elle répliqua ainsi : *Fait double entre nous.* Et elle signa.

Elle a eu pour amants Rulhières et Beaumarchais; on l'accuse d'avoir souvent emprunté de l'esprit à ses amants; pourquoi n'accuse-t-on pas aussi ses amants d'avoir quelquefois fait la roue avec son esprit?

En 1802, dans la même saison, on enterra sans bruit, sans éclat, sans pompe, trois femmes qui durant près d'un demi-siècle avaient rempli la France de l'éclat de leur beauté, du bruit de leur talent, des pompes de leurs amours, Sophie Arnould, mademoiselle Clairon et mademoiselle Dumesnil. Sophie Arnould, se confessant à l'heure de la mort, raconta au curé de Saint-Germain-l'Auxerrois toutes ses passions profanes. Comme elle lui parlait des fureurs jalouses du comte de Lauraguais, celui qu'elle avait le plus aimé, le curé lui dit : « Ma pauvre fille, quels mauvais temps vous avez traversés! — Ah! s'écria-t-elle avec des larmes dans les yeux, c'était le bon temps! j'étais si malheureuse! » Ce trait de cœur, qu'un poëte a recueilli dans ses vers, me console de tous les traits d'esprit de Sophie Arnould.

MADEMOISELLE LECOUVREUR.

Il y a là-bas, en Champagne, une petite fille qui s'en va pieds nus, les cheveux au vent, à tous les théâtres de comédiens de campagne. Elle s'oublie si bien à ces spectacles, qu'elle rentre tard toujours et qu'elle est battue par sa mère. Cette petite fille fera bientôt baiser ses pieds à toute une génération de grands seigneurs. Voltaire lui fera des madrigaux pour empapilloter ses cheveux, et, au lieu d'être battue par sa mère, elle battra un maréchal de

France qui a l'habitude de battre tout le monde.

Mais par quel chemin arrivera-t-elle à dominer ainsi les plus fortes têtes de son temps? Son père est un pauvre chapelier qui ne travaille guère dans la semaine, qui se repose le dimanche et qui fait le lundi. Il n'a pas de quoi payer la maîtresse d'école. Aussi quelle charmante écolière! comme elle sait tout sans avoir rien appris! Mais un jour voilà que les huissiers viennent vendre le dernier chapeau du chapelier; il ne sait plus où poser sa tête; il lui reste sa femme et sa fille, il va fuir avec elles, il va se réfugier à Paris, Paris où l'on peut tout espérer quand on a désespéré de tout.

Il se vint loger dans un galetas au voisinage de la Comédie-Française; il fallait bien que cela fût : Adrienne avait son étoile. La petite fille, qui était jolie et dont tout le monde caressait les cheveux au passage, entra bientôt à la Comédie-Française sans plus de façon qu'au théâtre des comédiens de campagne. Elle vit jouer *Polyeucte*, elle voulut jouer Pauline; une petite troupe de jeunes gens se forma autour d'elle comme par magie. La présidente Le Jay, qui avait un hôtel rue Garancière, donna un théâtre à ces comédiens de hasard : ils débutèrent avec assez d'éclat, par *Polyeucte* et *le Deuil*, pour inspirer des inquiétudes sérieuses aux Comédiens

Français, qui firent cerner l'hôtel et qui firent arrêter leurs rivaux encore tout barbouillés de rouge et de blanc. Mais nul ne peut avoir raison des comédiens qui veulent jouer la comédie, pas même les Comédiens Français. Adrienne et ses amis sont à peine enfermés au Temple, qu'elle conquiert la protection du grand prieur de Vendôme et que bientôt la prison se transforme en salle de théâtre. On criait au prodige en voyant cette fille de quinze ans, habillée à la française, car elle n'avait pas de quoi louer des costumes à la romaine, dire avec un naturel charmant les vers de Corneille, qui jusque-là avaient été chantés.

On peut dire de mademoiselle Lecouvreur qu'elle fut la vraie élève de Molière par la tradition. Le disciple de Gassendi, humain avant tout, a écrit en deux mots toute la poétique du comédien. Il voulait que ce fût la nature qui parlât, il ne voulait pas que l'étude, quelque intelligente qu'elle fût, apprît à déclamer ou à chanter. S'il avait été professeur au Conservatoire, il eût enseigné la diction et non la déclamation. Baron fut son élève; et mademoiselle Lecouvreur s'était passionnée pour ce jeu savant qui cachait sa science, pour ce naturel étudié, qui est l'idéal du naturel, parce que l'étude lui donne la lumière, la force et la grâce. Mademoiselle Lecouvreur, née comédienne, ne voulut pas se soumettre au style déclamatoire qui avait fini par perdre la Champmeslé et mademoiselle Duclos. Elle arrivait sur la scène toute à sa passion; elle répandait son âme dans l'âme des spectateurs; mille battements de cœur répondaient à son battement de cœur; et deux heures durant on subissait avec bonheur son amour, sa terreur, sa pitié, sa joie et sa tristesse. Coypel l'a peinte tenant son urne de Cornélie; on a trop appris à juger cette figure d'après le portrait de Coypel : le peintre a eu tort de la représenter avec cette expression, qui s'est perpétuée et qui n'a été que le masque de sa vraie expression. Adrienne Lecouvreur avait une tête charmante, très-variable, où le sourire n'était pas tout à fait dégagé de la mélancolie. L'air de tête avait un vif agrément; les yeux s'ouvraient dans l'azur et dans la flamme : beaux yeux qui chantaient toutes les symphonies de l'amour. Qui avait plus qu'Adrienne Lecouvreur la science des passions? Quand elle parlait en scène des tempêtes de son cœur, on la croyait au premier mot, car on savait que celle-là avait étudié l'amour — en aimant. — Aussi, quand elle pleurait, c'étaient des larmes et non des perles.

Baron et mademoiselle Lecouvreur furent les premiers comédiens admis dans le monde. Je ne parle pas de Molière, grande figure à part : celui-là allait à la cour, et quand les grands seigneurs refusèrent un jour de dîner avec lui, le roi Louis XIV, qui était une autre grande figure, on pourrait dire un autre grand comédien, disait à Molière : « Eh bien, mon philosophe, j'aurai, moi, le roi, l'honneur de dîner avec vous. »

Baron, qui se croyait Molière, quand Molière ne fut plus là, surpassa le comédien sur le Théâtre-Français, et l'homme de cour sur le théâtre du monde. Il croyait même qu'il l'eût égalé comme auteur dramatique, s'il n'eût préféré dépenser ses belles matinées en savantes galanteries. Il allait dans le monde, bon jeu bon argent. Que lui manquait-il? Il avait l'esprit, il avait la figure, il avait l'habit du grand seigneur. Son habitude de jouer les princes lui donnait beaucoup de grâces chez les princes, ou avec les princes. Rien ne lui manquait, pas même l'or, ce dernier mot spirituel de tous les hommes; par exemple, il se présentait sans façon à une table de jeu où était le prince de Conti, et, la main pleine d'or, il lui disait : « Va cent louis au prince de Conti! » A quoi Son Altesse Sérénissime répondait en riant: « Tope à Britannicus! »

Une lettre de mademoiselle Lecouvreur, écrite peu de temps avant sa mort, montre la comé dienne moins à son aise parmi les duchesses. Il semble qu'elle veuille à chaque mot se faire pardonner son génie par toutes ces pompeuses filles d'Ève qui n'ont pour elles que la curiosité. Et encore, la grande comédienne ne réussit qu'à moitié, elle plaît aux hommes sans y penser, elle déplaît aux femmes, quoi qu'elle fasse. Écoutez-la plutôt : « Vraiment, dit l'une, elle fait la merveilleuse. — Une autre ajoute : C'est donc là cette fille qui a tant d'esprit ; ne voyez-vous donc pas qu'elle nous dédaigne et qu'il faut savoir du grec pour se faire entendre d'elle? — Elle va chez madame de Lambert, dit celle-ci, cela ne vous dit-il pas le mot de l'énigme ? — Le mot de l'énigme, dit celle-là, c'est qu'elle cache son jeu. » Et mademoiselle Lecouvreur ajoute : « Vous connaissez la vie dissipée de Paris, ainsi que les devoirs indispensables de notre état. Je passe mes jours à faire les trois quarts au moins de ce qui me déplaît le plus, par exemple, les connaissances nouvelles qui m'empêchent de cultiver les anciennes ou de m'isoler chez moi selon mon goût. C'est une mode établie, de dîner ou de souper avec moi, parce qu'il a plu à quelques duchesses de me faire cet honneur. » Et ainsi, de dîner en souper et de souper en dîner, on voit la pauvre Adrienne condamnée à ces travaux forcés du génie parisien, quand il est le génie à la mode.

On allait chez elle et on la recevait chez soi à peu près comme une autre Ninon de l'Enclos, parce qu'elle allait au péché discrètement sans mettre des panaches à ses passions, parce que la comédienne couvrait la courtisane, parce qu'elle choisissait bien ses amants et qu'elle était *honnête homme*, jusque dans les faiblesses du cœur.

Son roman est des plus confus. On en a perdu les premières pages, et aucune des lettres écrites par elle ou écrites sur elle n'indique même de loin ses premières aventures.

Le bonhomme Laplace, ce journaliste du temps, qui faisait encre de tout, suivant son expression, a recueilli cette page perdue qui nous montre Adrienne Lecouvreur entrant, non pas dans le monde, mais dans la comédie.

« Le comédien Legrand avait une jeune et jolie maîtresse, à laquelle il était fort attaché, et qui, ayant un jour disparu de chez lui, le plongeait dans les inquiétudes les plus vives, lorsque, environ un mois après, il reçut un billet de la part du marquis de Courtanvaux, qui l'invitait à dîner. Qu'on se peigne la surprise de Legrand, lorsque à table il reconnut sa maîtresse à côté du marquis, et superbement vêtue ! Il avait trop d'esprit et d'usage du monde pour ne pas sentir que le seul rôle qu'il eût à jouer en pareil cas était celui de la résignation et de la plaisanterie :

aussi se borna-t-il, en sortant de table, assez tard, à supplier le marquis de lui accorder, par forme de réparation, la grâce d'accepter un dîner chez lui à quelques jours de là, avec son ancienne maîtresse. Au jour indiqué, les deux conviés, arrivés chez Legrand, furent à leur tour bien surpris de voir le comédien leur présenter, avec gravité, une petite fille très-simplement mise, et supplier très-humblement M. le marquis de permettre qu'elle prît place à table avec la compagnie. — Ah! ah! s'écria le marquis, quelle est donc cette enfant, mon cher amphitryon? La fille de ta cuisinière, apparemment, ou celle de ta ravaudeuse? — Nenni, reprit le comédien, c'est la nièce de ma blanchisseuse; c'est-à-dire la cousine germaine de la belle dame qu'il vous a plu de m'enlever, qui réunit maintenant toutes mes affections pour la famille, et peut seule me consoler d'avoir perdu sa parente; car, s'écria-t-il en parodiant le vers de *Thésée*, de Quinault :

C'est le sort de Legrand de s'enflammer pour elle!

» Ce dîner, comme on l'augure, fut très-gai, et fut suivi de plusieurs autres. Legrand s'attacha à la petite blanchisseuse, lui donna de l'éducation, l'envoya débuter à Strasbourg, lui ouvrit les portes de la Comédie-Française, et appela le public à saluer une grande actrice qui s'appelait... Adrienne Lecouvreur. »

Voilà le récit de Laplace. Pourquoi ne serait-il pas vrai? Celles qui jouent les princesses ne débutent pas ordinairement comme les princesses. Sans cela, pourquoi descendraient-elles sur le théâtre? Elles joueraient la comédie sur les planches dorées du monde sans apprendre leurs rôles. Ce sont les déshéritées qui, se sentant, comme André Chénier, *quelque chose là*, et dédaignant leur entourage, comme indigne de les comprendre, se jettent éperdument sur la scène pour se retrouver dans leur centre.

Adrienne Lecouvreur n'eut pas seulement Legrand pour maître, elle eut Dumarsais et Voltaire, Dumarsais comme ami, Voltaire comme amant. Voici comment d'Allainval, un contemporain qui voyait bien, raconte les leçons de Dumarsais à la comédienne :

« Jamais début sur aucun théâtre ne fut peut-être plus brillant que celui d'Adrienne Lecouvreur. Un seul homme, tapi dans un coin de loge, et pour qui cet engouement général n'était pas contagieux, se bornait, de temps en temps, à dire à demi-voix : *Bon, cela!* et cet homme ayant été remarqué, l'actrice, à qui l'on fit part de cette espèce de phénomène, voulant savoir quel il était, et ayant appris que c'était le fameux grammairien-philosophe Dumarsais, l'invita, par un billet très-poli, à lui faire l'honneur de venir dîner chez elle en tête-à-tête. — Dumarsais, quoique bien accueilli en arrivant chez elle, débuta par la prier, avant de se mettre à table, de vouloir bien avoir la complaisance de lui réciter une tirade de l'un des rôles qu'elle aimait le mieux; à quoi l'actrice ayant consenti, fut bien surprise de n'entendre de la part de Dumarsais que deux ou trois *Bon, cela!* et quoique un peu humiliée, ne persista pas, avec moins de politesse, à lui demander le mot de cette singulière énigme. — Volontiers, mademoiselle; attendu que, si l'explication vous déplaisait, je vous épargnerais l'ennui de dîner avec un homme qui aurait eu le malheur de vous déplaire. — Parlez, je vous en prie; votre réputation m'est connue, et votre physionomie m'est caution que je ne peux que gagner beaucoup à vous entendre. — Eh bien, mademoiselle, apprenez donc, puisque vous l'ordonnez, que jamais actrice, à mon gré, n'annonça de plus grands talents que les vôtres, et que, pour effacer probablement toutes celles qui vous ont précédées, j'ose vous garantir qu'il ne s'agit de votre part que de donner aux mots la vraie valeur nécessaire à ce qu'ils doivent exprimer, surtout dans votre bouche. — Ah! monsieur, s'écria cette très-estimable actrice, quelle obligation ne vous aurais-je pas, si vous aviez assez d'indulgence pour me mettre en état de me corriger de ce défaut! et quel maître est plus en état que vous de me rendre ce très-important service? »

Je crois que Voltaire, qui s'y connaissait, lui donna encore de meilleures leçons que Dumarsais. Si l'amour est un grand maître, c'est surtout au théâtre, et on ne s'explique pas comment les mères d'actrices, qui n'ont jamais été ou qui ne sont plus les mères de l'amour, accompagnent leurs filles dans les coulisses pour servir d'épouvantail aux amoureux. Il n'y a point de spectacle plus lamentable que celui de ces femmes sans sexe et sans âge, qui seraient à leur place chez elles. La maternité est une chose si sacrée, qu'on souffre de la voir, de gaieté de cœur, venir souiller sa robe dans ces enfers du théâtre.

Voici ce que Voltaire entendait par le diable au corps (feu sacré ou diable au corps, c'est toujours l'amour). Quel éloge pour l'amour quand cela est dit par un homme que l'amour a si peu occupé :

A ADRIENNE LECOUVREUR.

L'heureux talent dont vous charmez la France
Avait en vous brillé dès votre enfance;
Il fut dès lors dangereux de vous voir,

Et vous plaisiez même sans le savoir.
Sur le théâtre heureusement conduite,
Parmi les vœux de cent cœurs empressés,
Vous récitiez, par la nature instruite.
C'était beaucoup, ce n'était point assez :
Il vous fallut encore un plus grand maître ;
Permettez-moi de faire ici connaître
Quel est ce dieu de qui l'art enchanteur
Vous a donné votre gloire suprême ;
Le tendre Amour me l'a conté lui-même.
On me dira que l'Amour est menteur.
Hélas ! je sais qu'il faut qu'on s'en défie ;
Qui mieux que moi connaît sa perfidie ?
Qui souffre plus de sa déloyauté ?
Je ne croirai cet enfant de ma vie ;
Mais cette fois il a dit vérité.
Ce même Amour, Vénus et Melpomène,
Loin de Paris faisaient voyage un jour.
Ces dieux charmants vinrent dans un séjour
Où vos attraits éclataient sur la scène ;
Chacun des trois avec étonnement
Vit cette grâce et simple et naturelle
Qui faisait lors votre unique ornement.
« Ah ! dirent-ils, cette jeune mortelle
Mérite bien que, sans retardement,
Nous répandions tous nos trésors sur elle. »
Ce qu'un dieu veut se fait dans le moment.
Tout aussitôt la tragique déesse
Vous inspira le goût, le sentiment,
Le pathétique et la délicatesse.
« Moi, dit Vénus, je lui fais un présent
Plus précieux, et c'est le don de plaire ;
Elle accroîtra l'empire de Cythère ;
A son aspect tout cœur sera troublé,
Tous les esprits viendront lui rendre hommage.
— Moi, dit l'Amour, je ferai davantage :
Je veux qu'elle aime. » A peine eut-il parlé,

Que dans l'instant vous devîntes parfaite,
Sans aucuns soins, sans étude, sans fard,
Des passions vous fûtes l'interprète.
Oh ! de l'Amour adorable sujette,
N'oubliez pas le secret de votre art.

Il ne faut guère croire au roman dont on a fait un drame. Mademoiselle Lecouvreur mourut tout prosaïquement d'une forte dose d'ipécacuanha, que lui administra un médecin qui ne croyait pas qu'on pût mourir avec un remède si harmonieux. Elle mourut dans les bras de Voltaire, mais bien loin de lui, car elle avait les yeux fixés sur un buste de Maurice de Saxe, et lui débitait à tort et à travers des tirades tragiques *.

Après sa mort, il lui arriva ce qui arriva plus tard à Voltaire. Elle qui avait légué cent mille livres aux pauvres, lui qui avait bâti une église, ils furent tous les deux proscrits du cimetière. Si l'on peut retrouver Voltaire au Panthéon, on

* Mademoiselle Rachel, qui a été à la fois mademoiselle Rachel et Adrienne Lecouvreur, a consacré cette page d'histoire dramatique où la maîtresse de Maurice de Saxe insulta publiquement sa rivale, la duchesse de Bouillon, en lui jetant à la figure ces vers de Phèdre :

Je sais mes perfidies,
Œnone, et ne suis point de ces femmes hardies
Qui, goûtant dans le crime une tranquille paix,
Ont su se faire un front qui ne rougit jamais.

ne sait où aller prier pour sa chère comédienne. Pourtant, si on démolissait les maisons qui sont à l'angle de la rue de Bourgogne et de la rue de Grenelle, on retrouverait peut-être les cendres de celle-là qui a fait tressaillir dans leurs tombeaux les pâles héroïnes de Voltaire.

Adrienne Lecouvreur a passé sa vie à aimer : du comédien Legrand au poëte Voltaire, du poëte Voltaire à lord Peterborough, de lord Peterborough au maréchal de Saxe, sans compter celui-ci qui fut père de sa première fille, sans parler de celui-là qui fut père de la seconde, car, si on cherchait bien, on trouverait, à ce qu'il paraît, beaucoup de descendants de l'illustre comédienne *.

Ce n'était pas précisément le théâtre qui l'avait enrichie. Il y a une fable antique qui raconte que Jupiter, conseillant l'Amour, lui disait : « Quand tu auras usé tes flèches dans ton voyage, il te restera encore une ressource pour aveugler les femmes : tu leur jetteras à pleines mains de la poussière d'or qui est dans ton carquois. »

Mademoiselle Lecouvreur ne s'était pas montrée dédaigneuse pour la poussière d'or.

Elle pouvait dire, comme Marion Delorme : « Je prends quand je n'ai rien à donner, » c'est-à-dire, quand elle ne pouvait donner que le mas-

* Par exemple, le mathématicien Francœur.

que de l'amour. Mais au moins c'était un masque charmant. Milord Peterborough lui disait : « Allons, madame, qu'on me montre beaucoup d'amour et beaucoup d'esprit! » Et elle montrait beaucoup d'esprit et beaucoup d'amour; mais son cœur ne battait que lorsque milord était parti.

FIN DU PREMIER VOLUME.

TABLE DES MATIÈRES

CONTENUES DANS CE VOLUME.

FIN DE LA TABLE.

COLLECTION HETZEL. — NOUVEL IN-32 DIAMANT.

ALEX. DUMAS.	Les Mohicans de Paris	10 vol.
—	Salvator (suite des Mohicans)	1 à 4
—	Les grands hommes en robe de chambre — Henri IV	1 vol.
—	Les grands hommes en robe de chambre — Louis XIII	1 vol.
—	Ingénue	3 vol.
—	La jeunesse de Louis XIV	1 vol.
—	El Salteador	2 vol.
—	Aventures d'un Comédien	1 vol.
—	Le page du duc de Savoie	3 vol.
—	Le capitaine Richard	2 vol.
DUMAS (fils).	La Dame aux Camélias	2 vol.
G. SAND.	Laure et Adriani	2 vol.
—	La Filleule	2 vol.
ED. TEXIER.	La duchesse d'Hanspar	1 vol.
EUGÈNE SUE.	Le Diable Médecin	1 à 3
—	La famille Jouffroy	6 vol.
ESQUIROS.	Le Chateau d'Issy	1 vol.
J. ARAGO.	Les deux Océans	3 vol.
FR. ARAGO.	Histoire de ma Jeunesse	1 vol.
C. TILLIER.	Mon oncle Benjamin	2 vol.
P.-J. STAHL.	Bêtes et Gens	1 vol.
—	De l'esprit des femmes	1 vol.
—	Un rêve au bal de la Redoute à Spa	1 vol.
MÉRIMÉE.	Colomba, édition Kiessling et Ce	1 vol.
DESCHANEL.	Le Bien qu'on a dit des femmes	1 vol.
—	Le Mal qu'on a dit des femmes	1 vol.
—	Les courtisanes Grecques	1 vol.
MAYNE-REID.	Une famille perdue dans le désert	2 vol.
AM. ACHARD.	La robe de Nessus	2 vol.
L. ULBACH.	L'Homme aux cinq louis d'or	2 vol.
DE St-FÉLIX.	Cléopatre	2 vol.
E. CARLEN.	Un Brillant Mariage	1 vol.
JULES JANIN.	La comtesse d'Egmont	1 vol.
GAB. FERR[illegible]	[illegible] de Chateaubrun	2 vol.
Ce BARBAR[illegible]	[illegible]ssassinat du Pont-Rouge	1 vol.
L. MARTIN.	[illegible]rit de Voltaire	1 vol.
CHAMPFLE[illegible]	[illegible]es choisis	1 vol.

[illegible] PRÉPARATION :

ALEX. DUMAS.	[illegible]scope	[illegible] vol.
	L'esprit d'Alphonse Karr	2 vol.
THIERS.	Histoire de Law	1 vol.
ÉM. AUGIER.	Théatre complet	1 vol.
L. GOZLAN.	La ville damnée	2 vol.
GONDRECOURT.	Une vraie femme	2 vol.

www.ingramcontent.com/pod-product-compliance
Lightning Source LLC
Chambersburg PA
CBHW070412090426
42733CB00009B/1640

* 9 7 8 2 0 1 2 1 6 8 9 1 6 *